Der Priester von Dachau

Norbert Schmitt

Norbert Schmitt

Der Priester von Dachau

Roman nach
wahren Begebenheiten

DeBehr

Herausgeber: Verlag DeBehr, Radeberg
Erstauflage: 2022
ISBN: 9783957539434

Der Autor möchte anmerken, dass etwaige Ähnlichkeiten mit tatsächlichen oder lebenden oder verstorbenen Personen rein zufällig und nicht beabsichtigt sind.

„Wer aus seiner gewohnten Bahn geworfen wird, meint manchmal, dass alles verloren ist. Doch in Wirklichkeit fängt nur etwas Neues an.“

Gisela Rieger

Inhalt

Prolog

Ein Tag im Juli 1966

Es ist an einem sehr heißen Samstag im Juli 1966.

Wir quetschen uns zu fünft in das kleine Fahrzeug, einen Fiat 500. Das Fahrzeug ist schon ins Alter gekommen. Das sieht man dem Wagen auch an. Überall zeugen Roststellen und Beulen von einer langen Fahrtüchtigkeit des kleinen Flitzers. Links neben mir sitzt meine sieben Jahre ältere Schwester. Rechts neben mir mein Vater. Beide Mitfahrer sind extrem schlank. Ich sitze in der Mitte auf der Hinterbank und weiß nicht, wohin mit meinen Beinen.

Obwohl ich erst zwölf Jahre alt bin, habe ich schon eine Körpergröße von 1,74 m. Mit angezogenen Beinen ist Sitzen nur schwer möglich. Und wenn überhaupt, nur für eine kurze Strecke.

Ausstrecken kann ich meine Beine nicht. Mein linker Fuß liegt dann auf dem rechten Oberschenkel des Fahrers. Der rechte Fuß trifft das Hinterteil meiner Mutter. Meine Mutter, von

fülliger Statur, hat vorne auf dem Beifahrersitz Platz genommen. Das Fahrzeug wird gelenkt vom Freund meiner Schwester. Meine Eltern besitzen kein Auto. Mutter und Vater haben nicht einmal einen Auto-Führerschein.
In dieser Formation wollen wir einen Abstecher zur Cousine meiner Mutter in den 16 km entfernten Ort Menden machen. Für mich ist dieser Ausflug sehr aufregend. So oft komme ich nicht aus meiner Heimatstadt Iserlohn heraus. Außerdem wurde das Fußballspiel meiner Mannschaft für den heutigen Nachmittag abgesagt. Die Cousine meiner Mutter, ich sage Tante Maria zu ihr, ist Haushälterin bei einem katholischen Pastor. Ich kenne bisher diesen Pastor nur aus Messen in der Kirche, die er in Vertretung gehalten hat. Unsere ganze Familie ist sehr katholisch gläubig. Ich bin seit meiner Erstkommunion Messdiener in unserer Gemeinde.
Meine Familie und ich sind zum Nachmittags-Kaffee eingeladen. Wir werden von Tante Maria schon an der Haustür herzlich begrüßt. Schnell sitzen wir an der im „guten Zimmer“ gedeckten Kaffeetafel. Mehrere Kuchen befinden sich auf dem Tisch. Der Pastor gesellt sich

nun zu uns. Er findet es gut, dass ich mitgekommen bin. Immer wieder bezieht er mich in die Gespräche ein. Ich habe das Gefühl, dass wir direkt einen Draht zueinander haben. Der Pastor scheint ein übergewichtiger Gemütsmensch zu sein, der das leibliche Wohl nicht ablehnt. Nach dem Kaffeetrinken raucht er zusammen mit meinem Vater eine Zigarre. Er lädt mich dann zu einer Schachpartie in sein Arbeitszimmer ein. Beim ersten Blick in das Zimmer bin ich überwältigt von der Raumeinrichtung. Alle Möbel sind in Schwarz gehalten. Die Stirnwand ist mit einem zimmerhohen Bücherregal ausgestattet; natürlich auch in schwarzem Holz. Wir setzen uns an einen Schachtisch. Der Schachtisch und die Figuren hat mein Vater hergestellt. Der Pastor lässt das nicht unerwähnt. Leider habe ich keine Gewinnchance beim Spiel. Der Pastor lädt mich aber direkt zur Revanche ein.

So vergehen die Stunden, und nach dem Abendbrot quetschen wir uns wieder in das Auto und treten die Heimfahrt an. Ich habe es nicht bereut, mitgefahren zu sein.

Ein Tag im Oktober 1972

Wie so oft in den letzten Jahren sitze ich im Arbeitszimmer des Pastors beim Schachspiel. Meine Spielqualität hat sich kontinuierlich verbessert. Mittlerweile spielen der Pastor und ich Schach auf Augenhöhe.

Ich treffe mich regelmäßig zum Schachspiel mit dem Pastor. Es hat sich ein freundschaftliches Verhältnis gebildet. Wir spielen aber nicht nur Schach, sondern besprechen viele Dinge. Oftmals führen die Gespräche zu einer kontroversen Diskussion.

Am heutigen Tage ist ein Gesprächsthema mal wieder das Attentat in München im Rahmen der olympischen Spiele. Bei diesem Thema sind wir allerdings nicht unterschiedlicher Meinung.

Wir verurteilen beide das Attentat der palästinensischen Terrororganisation Schwarzer September auf die israelische Olympiamannschaft und bemängeln das dilettantische Eingreifen der deutschen Polizei. Automatisch kommen wir wieder einmal auf die Terrororganisation Baader Meinhof zu sprechen. „Die extrem linken Terroristen und die Mitläufer und die Befürworter dieser Gruppe sind auch nicht viel

besser als der rechtsextreme Flügel in unserem Lande. Und Gewalt ist bei jeder Art politischer Einstellung nicht zu akzeptieren.
Leider gibt es heute, gerade auf entscheidenden Positionen, wie zum Beispiel in den juristischen Aufgaben, immer noch viele Menschen, die zu den Zeiten des Nationalsozialismus bis 1945 schon rechts aktiv waren; die sich menschenverachtend verhalten haben. Das ist ein großer Schwachpunkt unserer Demokratie", sagt der Pastor. „Leider bin ich zu wenig informiert. In der Schule wurde über die Zeit des Nationalsozialismus eigentlich nicht gesprochen und wenn doch, dann nur sehr wenig", antworte ich.
„Norbert, wenn du Lust hast, erzähle ich dir einiges darüber, wie ich den Nationalsozialismus erlebt habe", fragt mich der Pastor.
Und ob ich darauf Lust habe. Mich hat schon immer irritiert, weshalb meine Lehrer in der Schulzeit, diese nicht so ehrenwerte Zeit in der deutschen Geschichte, immer ausgespart haben. Auch meine Eltern haben nicht oft über die Zeit des Nationalsozialismus gesprochen.
Tante Maria bringt uns neue Kaltgetränke. Der Pastor beginnt mit seiner Erzählung. „Ich

nehme an, du weißt nicht viel darüber, wie sich die offizielle katholische Kirche in den Jahren 1933 bis 1945 gegenüber Hitler und seiner NSDAP aufgestellt hat. Papst Pius der Elfte hat bis zu seinem Tode Anfang 1939 den Nationalsozialismus in Deutschland zwar anerkannt, hat aber zwischendurch immer wieder den deutschen Staat getadelt. Dabei fielen auch schon einmal deutliche Worte. Nach seinem Tod ist im März 1939 Papst Pius der Zwölfte an die Spitze der katholischen Kirche gewählt worden.

Papst Pius der Zwölfte hat sich mit dem nationalsozialistischen Deutschland arrangiert; seine oberste Maxime war die Überparteilichkeit. Nur ganz selten hat er Kommentare zum Verhalten des nationalsozialistischen Deutschlands abgegeben. Laute Proteste hingegen waren von ihm nicht zu hören. Kritiker werfen ihm heute genau das vor. Er hätte zum Holocaust geschwiegen oder nicht laut genug protestiert. Hitler hatte im Gegenzug eine Unabhängigkeit der katholischen Kirche in Deutschland versprochen. Allerdings unter der Prämisse, dass die Landes-Kirche keine Kritik an der Politik und den Taten der NSDAP üben durfte; also sich ebenso verhalten sollte, wie der Papst."

Der Pastor nimmt einen Schluck Saft zu sich. Dann spricht er weiter.

„Norbert, ich will dir aber nicht verschweigen, dass Papst Pius der Zwölfte im Verborgenen tausenden Juden das Leben gerettet hat. Dies kam aber erst nach Ende des NS-Regimes an die Öffentlichkeit. Wahrscheinlich wäre das nicht möglich gewesen, hätte er sich öffentlich gegen Hitler gestellt. Die katholischen Priester haben das in der Kriegszeit nicht gewusst. Ich selbst habe häufig an der Rolle des Papstes gezweifelt. Ich habe mir nicht erklären können, wie ein Papst gegenüber einem Mörder wie Hitler kuscht."

Wieder legt der Pastor eine Pause ein. Dann fährt er fort: „Norbert, ich möchte dich mit meiner eigenen Geschichte konfrontieren. Meine Geschichte ist in den Jahren 1943 bis 1945 angesiedelt. Diese habe ich aufgeschrieben. Ich würde mich freuen, wenn du diese Geschichte lesen würdest. Du bist der Erste, dem ich meine Erlebnisse darlege. Persönlich erzählen fällt mir immer noch, auch nach den vielen Jahren, die zwischenzeitlich vergangen

sind, sehr schwer. Deshalb habe ich die Geschichte auch in der Funktion als Beobachter geschrieben."
Der Pastor reicht mir ein Manuskript. Ich bin erst einmal sprachlos. Nach einer Weile habe ich meine Fassung zurückbekommen.
Ich antworte dem Pastor mit einem klaren „Ja, das mache ich gerne."
Wir besprechen anschließend noch dieses und jenes. Dann verabschiede ich mich von dem Pastor und von Tante Maria.

Noch am Abend beginne ich, im Manuskript zu lesen.

Kapitel 1

März 1943 in Dortmund

Die Sonntagsmesse ist gut besucht. Bei den Kirchenbesuchern handelt es sich überwiegend um Frauen und Kinder. Einige alte Männer, Soldaten auf Heimaturlaub und verwundete Soldaten sind auch darunter. Der Pastor betritt die Kanzel. Er stützt sich mit seinem linken Arm auf die Brüstung. Den rechten Arm hält er hoch. Die Hand mit dem Zeigefinger wedelt hin und her. Dann beginnt er seine Predigt in bedächtiger Sprache.

„Liebe Gemeindemitglieder! Jesus spricht: Ich bin die Auferstehung und das Leben. Wer an mich glaubt, der wird leben, auch wenn er stirbt. Johannes, 11, 25 und weiter spricht Jesus: Ich bin das Licht der Welt. Wer mir nachfolgt, der wird nicht wandeln in der Finsternis, sondern wird das Licht des Lebens haben. Johannes, 8, 12“.

Der Pastor macht eine Pause. Er fährt fort. Seine Stimme wird lauter: „Wenn wir an Jesus glauben und ausschließlich ihm nachfolgen, dann kann auch eine noch so schwierige Zeit uns nichts anhaben. Lasst euch nicht beirren von den Reden und Sprüchen der Parteianhänger der NSDAP. Sie führen euch in die Finsternis, aus der es kein Entkommen gibt. Macht endlich die Augen auf und seht, was gerade passiert. Eure Mitmenschen werden ohne Grund eingesperrt, gefoltert und getötet. Und ihr schaut zu.“

Beide Arme wedeln in der Luft. Der Pastor macht eine Pause.

Dann fährt er fort: „Christ sein verpflichtet uns, Menschen in Not beizustehen. Es reicht nicht, wenn wir zusammen die heilige Messe feiern, unsere Sünden bereuen und schon kurze Zeit nach dem Verlassen des Kirchenhauses an Menschen vorbeigehen, die dringend unsere Hilfe benötigen. Ich möchte euch ein Gedicht vorlesen.

Die Macht des Mundes

Hoch oben steht er.
Aufrecht.
Sein Gesichtsausdruck ernst,
eine Maske.
Sein Mund fest verschlossen.

Sein Mund geht auf.
Laut, kraftvoll ertönt seine Stimme.
Klar und deutlich ist seine Aussprache.
Er verschweigt nichts.
Die Macht seines Mundes ist ihm bewusst.

Die Massen vor ihm.
Ihre Blicke hängen an seinem Mund.
Im Bann erstarrt,
dann Arme hebend,
in Ekstase jubelnd.

Er weiß, was sie hören wollen.
Das gibt er ihnen – und mehr.
Er schreit seinen Willen hinaus,
seine grausamen Ziele,
genau wissend und wohl überlegt.

Und die Masse?
Sie jubelt ihm zu.
Als wäre er der erwartete Messias,
der ihnen ein neues Leben bringt.
Sie hoffen und glauben – an ihn.

Er öffnet wieder seinen Mund.
Schießt Worte heraus.
Er schweigt.
Beobachtet die Masse – und weiß: Sie folgen mir.
Und sein Mund bleibt verschlossen."

Der Pastor legt eine kurze Pause ein. Er schaut in die Gesichter der Gläubigen. Einigen Gesichtern sind das Erschrecken und die Angst anzusehen.
Er fährt fort. „Seid ihr Mitglied der Masse, die ohne zu überlegen folgt. Bleibt standhaft. Versucht zu ergründen, was gut und was schlecht ist. Glaubt nicht alles, was man euch sagt. Legt Zeugnis ab für den Nächsten. Seid für den Nächsten da. Mit einem weiteren Spruch von Johannes möchte ich meine Predigt beenden.
Jesus spricht: Ein neues Gebot gebe ich euch, dass ihr einander liebet, damit, wie ich euch geliebt habe, auch ihr einander liebet. Daran werden alle erkennen, dass ihr meine Jünger seid, wenn ihr Liebe untereinander habt. Johannes 13, 34 – 35."
Der Pastor legt eine weitere Pause ein. Dann

spricht er: „Jesus will, dass wir Menschen einander lieben. Er macht keine Ausnahme bei den Personen. So lasst auch uns in unserer Liebe zu den Mitmenschen keine Ausnahme machen. Amen."

Der Pastor verlässt die Kanzel und begibt sich zum Altar. Dann führt er die Messfeier zu Ende. Den Messdienern folgend, begibt er sich in die Sakristei.

Die Messdiener haben bereits die Sakristei verlassen, der Küster erledigt noch Handreichungen in der Kirche, als es an der Hintertür der Sakristei klopft.

Der Pastor öffnet die Tür. Vor ihm steht eine Frau, mittleren Alters. Der Pastor kann sich nicht erinnern, das Gesicht vorhin in der Messfeier gesehen zu haben. Er bittet die Frau, einzutreten.

Die Frau kommt der Bitte nach.

„Was kann ich für Sie tun?", fragt der Pastor. Er schaut dabei in das verhärmte Gesicht der Frau.

„Herr Pastor, wir benötigen dringend Ihre Hilfe. Wir wissen nicht mehr weiter." Die Stimme der Frau wirkt sehr bedrückt.

„Was kann ich denn genau für Sie tun?", fragt

der Pastor noch einmal.
Die Frau geht wortlos zur hinteren Tür der Sakristei, öffnet diese und tritt nach draußen. Der Pastor kann einen Pfiff vernehmen. Dann kehrt die Frau zurück. Im Gefolge vier weitere Personen. Eine Frau, ein Mann und zwei Kinder.
„Die vier Personen suchen dringend ein neues Quartier, wo sie sich eine Weile verstecken können. Es handelt sich um vier Menschen jüdischen Glaubens. Ich hoffe auf Ihr großes Herz. Bitte verstecken Sie die vier in Ihrer Kirche."
Die Frau legt eine Pause ein. Sie hat bei dem Gesagten den Blickkontakt zum Pastor gesucht.
Sie fährt fort. „Herr Pastor, wenn Sie nicht helfen, ist die Familie verloren. Wenn die vier die Verhöre mit der Folter der Gestapo überleben sollten, kommen sie in ein Konzentrationslager. Was das bedeutet, ist Ihnen sicherlich klar."
Der Pastor schaut auf die Familie. Die Kinder, vielleicht drei und fünf Jahre alt, lächeln ihn an.
Er wendet sich wieder der Frau zu und fragt

diese: „Wo waren die Menschen zuletzt?“
„Sie waren bei mir“, antwortet die Frau. „Ich hatte sie in einem abgetrennten Raum hinter der Küche untergebracht. Ich weiß nicht genau, woran es liegt, aber ich habe das Gefühl, dass mein Versteck aufgeflogen ist. Seit den frühen Morgenstunden schwirren immer wieder Braunhemden in unserer Straße umher. Es kann sein, dass ich einmal zu unvorsichtig war. Ich glaube, ich bin denunziert worden.“
„Gut“, antwortet der Pastor. „Ist Ihnen jemand gefolgt?“
„Ich bin mir relativ sicher, dass das nicht der Fall ist“, sagt die Frau.
Schweigen.
Der Pastor überlegt. Dann spricht er in den Raum: „Die Familie kann erst einmal hier bleiben. Ich werde sie im Kellergewölbe verstecken.“ Und an die Frau gerichtet: „Sind schon Pässe für die Familie erstellt? Sie sollten nach Marseille gebracht werden und von dort mit einem der nächsten Überseeschiffe Europa verlassen.“

Kapitel 2

März 1943
„Bleiben Sie bitte noch mit der Familie vor der Sakristei-Tür versteckt. Ich hole Sie nachher zurück in die Sakristei. Ich muss erst den Küster nach Hause schicken. Der ist noch in der Kirche. Er muss von all dem nichts mitbekommen."
Die Frau verlässt mit der Familie die Sakristei. Der Pastor holt tief Luft. Dann geht er in die Kirche. Der Küster ist gerade dabei, den Altar freizuräumen.
„Josef, du kannst jetzt nach Hause gehen. Den Rest mache ich. Ich werde auch die Türen verschließen. Viel zu selten bedanke ich mich bei dir für deine aufopfernde Arbeit in der Gemeinde. Ganz herzlichen Dank dafür. Jetzt geh aber nach Hause zu deiner Frau. Sie wird sicherlich schon warten."
„Ach was, Herr Pastor. Die weiß doch, wo ich bin." Josef bleibt stehen und schaut den Pastor sorgenvoll an.
„Was hast du noch auf dem Herzen Josef", fragt der Pastor ihn.

„Ach, Herr Pastor. Ich mache mir Sorgen um Sie. Sie waren heute in Ihrer Predigt wieder sehr direkt. Irgendwann wird die Gestapo kommen und Sie abholen."

Der Pastor legt eine Hand auf die rechte Schulter von Josef. „Josef, danke für deine Anteilnahme. Vielleicht hast du recht. Aber überleg doch einmal. Ist es nicht die Aufgabe eines jeden Menschen, nach seinen Möglichkeiten etwas für andere zu tun. Und sei es auch nur, nicht alles hinzunehmen, sondern dazu klar Stellung zu beziehen. Ich glaube, gerade ein Vertreter der Kirche sollte das nach seinen Mitteln immer wieder machen. Auch dann, wenn es für ihn zum Nachteil sein könnte. Ich hoffe nur, die Leute verstehen, was ich sagen will."

Er begleitet Josef zum großen Kirchenportal. „Grüß deine Frau schön von mir."

„Das mach ich", antwortet Josef. „Wünsche Ihnen noch einen schönen Abend, Herr Pastor." Mit diesen Worten verlässt Josef schnellen Schrittes das Kirchengelände.

Der Pastor begibt sich zurück in die Sakristei. Er öffnet die Außentür und ruft leise: „Ihr könnt kommen."

Wie aus dem Nichts tritt die Frau aus dem Dunklen hervor; gefolgt von der Familie.
„Jetzt ist die Luft rein. Ich möchte mich erst einmal bekanntmachen. Ich bin Pastor August Steiner. Wie darf ich Sie, oder gehen wir direkt auf das du über, wie darf ich euch ansprechen?“, fragt der Pastor.
„Wir können uns gerne duzen. Ich bin Ben Ehrenreich“, antwortet der Vater. „Das sind meine Frau Sally und unsere Kinder Evelyn und Jakob. Danke, dass Sie, entschuldige, du uns helfen willst.“
„Und ich bin die Frau Schneider“, ergänzt die Frau mit dem verhärmten Gesicht.
An die Frau gerichtet sagt Pfarrer Steiner: „Es ist für uns besser, wenn du uns jetzt verlässt und nach Hause gehst. Sorg dafür, dass man in deiner Wohnung keine Spuren der Flüchtigen findet. Wir bleiben in Verbindung. Gib mir Bescheid, wenn deine Gruppe die Flucht nach Frankreich organisiert hat.“
Er bringt Frau Schneider zur Sakristei-Tür. An die Familie gerichtet: „Wir sollten die Sakristei verlassen. Sonst wundert sich noch jemand, dass noch so lange Licht in der Kirche ist und kommt zum Nachschauen.“

Der Pastor nimmt eine Kerze in die Hand und zündet diese an. Er schaltet das Licht in der Kirche und der Sakristei aus. „Bitte folgt mir."
Es geht die Treppe hinunter. Der Weg führt an der Krypta vorbei in ein großes Kellergewölbe. Hier schaltet der Pastor das Licht an. Das Kellergewölbe ist vollgestellt mit Kirchenutensilien. Der Pastor geht auf einen alten Altar zu. Das Oberteil des Altares besteht aus geschnitztem Holz, farbig bemalt.
Es stellt das Abendmahl dar. Die Figuren und die Gegenstände heben sich vom Holzuntergrund ab. Der Pastor geht zielsicher auf dieses Bild zu, fasst den Kelch, den Jesus seinen Jüngern reicht, an. Wie von Geisterhand, akustisch begleitet mit einem leisen Knacken, öffnet sich auf der rechten unteren Seite des Altars eine niedrige Tür.
Der Pastor öffnet die Tür ganz. „Hier müsst ihr gebückt einsteigen. Ich gehe voraus. Ihr folgt mir bitte."
Schon geht der Pastor in die Knie. Er wirkt sportlich. Seinem Aussehen nach hätte man ihm das nicht zugetraut.
Auf der anderen Seite des Kellergewölbes wartet der Pastor, bis die Familie das Loch im

Altar passiert hat. Beim Drücken eines Hebels schließt die Tür automatisch. Der Pastor hält die Kerze so, dass der Lichtschein das Gewölbe, einen Raum von vielleicht 4 x 4 m, erleuchtet. Eine Tür ist im Raum nicht zu erkennen. Der Pastor führt die Gruppe an die rechte Seite des Raumes. Durch den Druck auf einen Stein wird ein Mechanismus getätigt, durch den sich am unteren Ende der Wand eine Öffnung zeigt.

„Hier müssen wir noch einmal durch", sagt der Pastor.

Geschickt passiert er das Hindernis. Auf der Rückseite wartet er auf die kleine Gruppe. Sie befinden sich nun in einem Raum mit einer Größe von 8 x 6 m. In diesem Raum befinden sich drei doppelstöckige Betten, ein Tisch, einige Stühle und ein großer Schrank. Außerdem verfügt der Raum über elektrisches Licht, einen Wasseranschluss und ein Plumpsklo.

Der Pastor verschließt durch Betätigen eines Mechanismus die Maueröffnung.

„Wir befinden uns nun unterhalb des Kirchengeländes, zwischen Kirche und dem Pastoren-Wohnhaus. Auch vom Wohnhaus aus ist dieser Raum zu erreichen. Ebenfalls durch vergleichbare Hindernisse. Ihr werdet in den nächsten Tagen von meiner Haushälterin versorgt. Der Haushälterin könnt ihr sagen, ob ihr besondere Nahrung für die Kinder benötigt. Wir werden mehrmals am Tag nach euch schauen. Ich bringe euch auch etwas zum Lesen. Im Schrank findet ihr noch Kissen, aber auch Trinkflaschen und haltbare Lebensmittel. Sollte uns etwas zustoßen, seid ihr einige Tage versorgt."

Der Pastor spricht nun gezielt Ben Ehrenreich an. „Ben, ich habe dir die Orte des Mechanismus für die Türen gezeigt. Du musst dir diese unbedingt merken. Sollte meiner Haushälterin und mir etwas zustoßen, kommt ihr am besten durch die Kirche zurück ins Freie. Die Sakristeitür ist von innen immer offen. Es kann euch hier unten so schnell keiner finden. Lasst euch draußen bitte nur sehen, wenn es unbedingt notwendig ist. Nur meine Haushälterin und ich wissen von diesem Versteck."

Ben Ehrenreich ist gerührt. „Ich möchte dir schon jetzt im Namen meiner Familie für deine Hilfe danken", spricht er. Und fährt fort: „Du bist ein katholischer Priester. Meine Familie und ich sind jüdischen Glaubens. Der

Jude hat deinen Heiland ans Kreuz nageln lassen. Wir glauben nicht an Jesus, den angeblichen Sohn Gottes. Du weißt das und trotzdem hilfst du uns. Auch wenn dein Leben dadurch in Gefahr gerät. Warum?“

Der Pastor schaut Ben tief in die Augen. Leise und bedächtig antwortet er: „Der Jesus, unser Heiland, an den ihr Juden nicht glaubt, hat während seines irdischen Lebens viele Wunder bewirkt und den Menschen beigestanden. Dabei hat er nicht nach der Religion, nicht nach der Hautfarbe und auch nicht nach sonstigen äußeren Zeichen geschaut. Seine Wunder hat er bei allen Menschen bewirkt und allen Menschen hat er geholfen. Er hat alle Menschen geliebt und liebt sie noch immer. Auch euch. In diesem Sinne will auch ich euch helfen.“

Er macht eine Pause und fährt dann fort: „Ich werde jetzt ins Pfarrhaus gehen. Richtet ihr euch erst einmal ein. Überlegt, was ihr noch braucht. Nachher wird meine Haushälterin, mit Namen Maria, zu euch kommen und euch Essen und Trinken bringen.“

Der Pastor wartet einen Moment. Als kein Einwand von Ben und seiner Familie kommt, geht er zu der geheimen Stelle, an der nach

Betätigen des richtigen Steines, sich eine Öffnung in der Wand zeigt. Er bittet Ben, sich auch diese Stelle einzuprägen. Der Pastor spricht noch einen Segensgruß. Dann verschwindet er durch das neue Loch in der Wand.
Nachdem der Pastor durch das Loch gegangen ist, schließt sich das Loch wieder. Es entsteht nur ein leises Geräusch.

Im Pfarrhaus angekommen, bittet er seine Haushälterin, zu ihm in das Arbeitszimmer zu kommen. Er schaltet den Radioempfänger an. Es wird gerade ein Lied von Marlene Dietrich gespielt.
Mit leisen Worten beschreibt er seiner langjährigen Hausdame kurz das Geschehene.
Maria weiß danach, ohne noch Worte zu verlieren, genau, was sie zu tun hat. Der Pastor ist sich sicher, dass das Geheimnis bei Maria in guten Händen ist. Sie wird niemals, auch unter Folter, das Geheimnis preisgeben. Wobei er bei sich selber unsicher ist, bei Maria ist er sich umso sicherer.

Die Uhr zeigt mittlerweile 22.00 Uhr an. Fei-

erabend hat er allerdings noch nicht. Er holt die von seiner Haushälterin entgegengenommene heutige Post aus der Küche.
Ein zusammengefaltetes Blatt erregt seine Aufmerksamkeit. Die gute Laune, die er seit einigen Stunden hat, ist wie weggefegt. Auf dem Blatt ist ein Befehl des Gauleiters gedruckt.
Er liest die Worte mit Bedacht. „Hiermit rufe ich alle Bürgerinnen und Bürger auf, die Flagge unserer geliebten Partei, die Flagge der NSDAP, am kommenden Tag um 10.00 Uhr zu hissen. Die Flagge hat den ganzen Tag zu wehen. Zuwiderhandlungen werden mit Freiheitsentzug geahndet."
Er legt das Blatt aus der Hand. Es widerstrebt ihm, sich an diesen Befehl zu halten.
Erst letzten Sonntag hat er ein Gespräch mit einem Gemeindemitglied, einer älteren Dame, geführt. Diese hat ihm, nach Hören der Predigt, ihr abwertendes Verhältnis zur NSDAP und zum Führer gesagt. „Nie und nimmer werde ich für diese braunen Teufel das Wahrzeichen offen ausstellen. Eine Fahne dieser Partei kommt nicht an mein Haus."
Der Pastor hatte sich danach sehr gefreut. Sein

Entschluss, dass auch er die Fahne nicht hissen wird, ist durch das Gespräch mit der älteren Dame noch eindeutiger geworden. Maria sieht das allerdings skeptisch. Sie hat einfach zu viel Angst vor der Gestapo, aber hauptsächlich hat sie wohl Angst, dass dem Pastor etwas zustoßen könnte.

Ohne den Inhalt der Predigt zu kennen, bittet sie ihn vor jeder Sonntagsmesse, nicht zu stark mit der nationalsozialistischen Partei und dem Führer ins Gericht zu gehen.

Der Pastor weiß, wie gefährlich es ist, die Fahne nicht zu hissen. Er kann Marias Bedenken nachvollziehen, aber er steht nicht dahinter. Einige der Kollegen in benachbarten Orten wurden wegen Nichtaushängen der Fahne verhaftet. Diese Kollegen sind bis zum heutigen Tag nicht wieder aufgetaucht. Aber er hat keine Angst. Er will nicht mit der Masse schwimmen und menschenverachtende Taten selbst erbringen oder ohne Widerworte dulden. Natürlich möchte er nicht ins Gefängnis. Aber deshalb Dinge tun, die ihm zuwider sind, kann er nicht.

Natürlich hat er jetzt noch eine direkte Verantwortung gegenüber der Familie, die er versteckt hält. Aber sollte er verhaftet werden und Maria ist noch da, wird alles seinen geordneten Gang gehen, dessen ist er sich sicher.

Kapitel 3

April 1943

„Wir müssen dem Pfaffen endlich Einhalt gebieten.“ Die Worte von Franz Schneider stoßen bei seinen Kameraden auf Beifallsbekundungen, die sich durch lautes Klopfen auf dem Tisch äußern.

Aus den Humpen auf dem Tisch schwappt das Bier über die Ränder. Er sitzt mit seinen Kumpanen beim morgendlichen Frühschoppen.

„Ich war am Sonntag in der Kirche und habe die Predigt dieses Pfaffen gehört. Kein gutes Haar hat er an unserer geliebten Partei gelassen. Von gegenseitiger Menschenliebe hat er immer wieder gequasselt. Auf die Seite der angeblichen Unterdrückten hat er sich gestellt und unseren Führer beleidigt. Und das mit einem geschmacklosen Gedicht. Stellt unseren Führer als Diktator dar, der die Menschen mit seinen gesprochenen Worten beeinflusst und die Minderheiten mit seinen Worten vernichtet.“

Martin Braun lässt seinen Gedanken freien Lauf. Wieder ein zustimmendes Klopfen auf die Tischplatte.

„Lasst uns noch heute Abend zuschlagen“, meldet sich nun der Dritte im Bunde. Erich Häussler geht alles zu langsam. „Wir passen den Pfaffen auf dem Weg zur Kirche ab. Dort bekommt er eine Lektion. Wichtig ist aber, dass wir ihn nicht aus den Augen lassen. Martin und ich sind dafür verantwortlich“, sagt Erich zu den Anwesenden.

Er fährt fort: „Auf keinen Fall darf der Pfaffe bei der Erteilung der Lektion zu Tode kommen. Sagt das auch bitte euren Helfern. Eine Schlägerei muss ausreichen. Weiß jemand, ob im Pfarrhaus ein Hund oder eine Katze leben?“

„Beide Tiere sind vorhanden. Der Hund ist der Liebling der Haushälterin. An was denkst du?“, fragt Franz Schneider den Erich.

„Wir locken den Hund ins Freie und töten ihn. Dann legen wir den toten Hund dem Pfaffen vor die Haustür. Mit dem Hinweis: „Du stirbst genauso, solltest du nicht zukünftig bei deinen Predigten aufpassen, was du sagst. Unwahrheiten und Verleugnungen werden wir gnadenlos bestrafen. Wir sind immer da und du wirst uns nicht erkennen“, sagt Erich.

An diesem Nachmittag lässt Erich das Pfarrhaus und den Pastor nicht aus den Augen.

Am Abend gesellen sich vier Sinnesgenossen zu ihm. Die Autos haben sie in einer Seitenstraße abgestellt, nicht weit von der Kirche entfernt. Sie verteilen sich im Dickicht um das Haus herum.
Erich weiß, dass der Pastor jeden Abend um 21.30 Uhr den letzten Rundgang mit dem Hund absolviert. Als der Pastor vom Wasserlassen des Hundes zum Pfarrhaus zurückkehrt, überwältigen die vier Männer ihn. Sie treten und schlagen brutal auf ihn ein. Sie lassen den Pastor da liegen.
Erich nimmt den Hund auf den Arm und streichelt seinen Kopf. Der Hund genießt die Nettigkeit. Von einer Sekunde zur anderen hat Erich ein Messer in der rechten Hand. Im Nu schneidet er dem Hund die Kehle durch. Dann nimmt er den Hund und legt ihn vor die Haustür des Pfarrhauses. Dazu legt er den geschriebenen Brief.
Ohne sich um den vor Schmerzen stöhnenden Pastor zu kümmern, verlässt Erich mit seinen Sinnesgenossen das Gelände der Kirche.

Kurze Zeit später wird der Pastor von seiner Haushälterin gefunden. Sie hatte sich Sorgen gemacht und nach ihm Ausschau gehalten. Da Maria das Haus durch den Hinterausgang verlassen hatte, hat sie vom Schicksal ihres Hundes Tim zu dem Zeitpunkt noch keine Kenntnis.
Erst als sie die Haustür für den herbeigerufenen Arzt öffnete, hat Maria den leblosen Körper ihres Hundes vor der Haustür entdeckt.
Sie erlitt einen Zusammenbruch. Der Arzt war ihr eine gute Stütze und sie wurde von ihm direkt medizinisch versorgt.
Beim Pastor stellte der Arzt Prellungen und Schürfwunden fest. Außerdem ein paar gebrochene Rippen. Aber keine lebensbedrohlichen Verletzungen. Der Pastor benötigte ein paar Tage, um wieder auf die Beine zu kommen. Maria kümmerte sich um ihn; aber vernachlässigte dadurch nicht die Betreuung der Gäste. Die täglichen Gottesdienste fielen in der Woche aus.
„Warum Maria, hängt die Fahne vor dem Haus? Du weißt doch genau, dass ich das nicht möchte." Pastor Steiner ist wütend.
„Sie kennen meine Meinung. Ich habe nichts

mit diesem braunen Gesindel zu schaffen. Ich möchte aber auf keinen Fall, dass Sie noch mehr Schwierigkeiten bekommen. Sie wissen genau, was es bedeutet, sich gegen die Anweisungen des Gauleiters zu stellen. Es ist kein Wunsch, sondern ein Befehl. Wer sich diesem Befehl widersetzt, wird verhaftet. So wie es Ihren Kollegen aus Wuppertal und Erkenschwick ergangen ist. Ich will Sie schützen. Das ist der einzige Grund für das Hissen der Fahne." Maria klingt gekränkt.

Der Pastor weiß im Innern, dass Maria es nur gut meint. „Ist schon gut, Maria", antwortet er nach einem kurzen Schweigen. „Zieh die Fahne wieder ein. Ich habe meine Grundprinzipien. Bitte verstehe, dass ich nicht anders kann."

Widerwillig führt Maria den Wunsch oder besser gesagt die Anweisung ihres Arbeitgebers aus. Eine Viertelstunde später ist die Fahne vor dem Kirchengebäude verschwunden.

Es ist früher Nachmittag desselben Tages. Laute Geräusche lassen den Pastor aus dem Mittagsschlaf hochschrecken. Jetzt dringen Stimmen in sein Schlafgemach. Er steht auf

und geht den Geräuschen entgegen.
Er sieht, wie Männer, in langen Mänteln gekleidet, in sein Haus eindringen.
Maria wird zur Seite geschoben. „Wo ist der Pfaffe?“, wird Maria von einem der Männer gefragt.
„Hier bin ich“, ruft der Pastor den Männern aus dem Obergeschoß zu. „Was kann ich für Sie tun?“
Langsam kommt er die Treppe hinunter.
Ein Mann ergreift das Wort. „Warum Herr Pastor, ist die Flagge unserer aller großen Partei nicht gehisst? Ich hoffe, in Ihrem Interesse, dass dieses ein Versehen ist.“
Das Gesagte klingt aus dem Munde des Mannes nahezu unterwürfig. Der Pastor weiß aber, dass man sich hierdurch nicht täuschen lassen darf. Diese Männer sind brandgefährlich.
Bevor Pastor Steiner die Frage beantworten kann, tritt Maria nach vorne. An den Wortführer gerichtet sagt sie: „Es ist meine Schuld. Ich muss mich entschuldigen. Ich habe heute am frühen Morgen bereits die Flagge gehisst. So wie es der Herr Gauleiter gefordert hat. Um 10.00 Uhr ist mir aber aufgefallen, dass das Hakenkreuz auf der Fahne sich gelöst hat. Da-

raufhin habe ich die Fahne wieder eingezogen. Ich habe dann das Hakenkreuz wieder befestigt. Meine Arbeiten haben mich dann abgelenkt und so habe ich vergessen, die Fahne wieder zu hissen. Das soll nicht mehr vorkommen, meine Herren. Ich hoffe, Sie können mir verzeihen. Ich werde natürlich umgehend die Fahne wieder draußen aufhängen. Sie können gerne später noch einmal kontrollieren."
Maria stellt sich vor den Pastor. Einige Sekunden herrscht Ruhe im Raum.
Dann ist der Wortführer der Gruppe zu hören: „Gute Frau, ich will Ihnen das einmal glauben. Sehen Sie zu, dass die Fahne wieder im Wind flattert. Wir verzichten auf eine Bestrafung. Wir sind ja keine Unmenschen."
Die Füße klatschen aneinander und der Gruß „Heil Hitler", ist aus den Mündern der Männer, die diese Mission durchführen, zu hören.
„Heil Hitler", antwortet Maria.
Nachdem die Männer das Haus verlassen haben, geht Pastor Steiner auf seine Haushälterin zu. „Danke, Maria", sagt er. „Ich habe dir viel zu verdanken."
„Ist schon gut, Herr Pastor. Ich weiß doch, dass Sie ein alter Sturkopf sind."

Sie legt eine kurze Pause ein. Danach fährt sie fort. „Es wäre sinnvoll, wenn Sie sich einmal bei unserem Besuch sehen lassen würden. Trauen Sie sich das schon wieder zu?“

„Ich glaube, dass ich das schon wieder schaffe. Bleib du hier oben und halt die Stellung. Ich gehe mal hinunter. Soll ich etwas mitnehmen?“

„Nein“, antwortet Maria.

Wortlos geht der Pastor, gestützt auf einen Stock, die Kellertreppe hinunter, bis in den ersten großen Kellerraum. Er öffnet die Geheimtür und geht hindurch in den ersten geheimen Raum. Die Kellertür schließt sich hinter ihm, nachdem er die entsprechende Mechanik getätigt hat. Er geht zielstrebig auf die Vorderwand zu, betätigt dort wiederum eine Mechanik; mit einem leisen Knarren erscheint ein schmaler Spalt in der Wand. Dieser ist aber so groß, dass ein Mensch bequem hindurchpasst. Er geht hindurch und verschließt den Spalt wieder.

„Schönen guten Tag, Familie Ehrenreich“, spricht er einen Gruß aus.

„Ach, der Herr Pastor Steiner besucht uns“, antwortet Ben Ehrenreich.

„Da freuen wir uns aber sehr", sagt Frau Ehrenreich.
Sie sitzen gemeinsam mit ihren Kindern am Tisch.
„Ich hoffe, euch geht es den Umständen entsprechend gut? Und langweilt ihr euch nicht zu sehr?", fragt Pastor Steiner.
„Nein, es ist alles gut", antwortet Ben. „Deine Haushälterin versorgt uns wunderbar. Wir hoffen nur, dass es mit unserer Ausreise bald klappen wird. Hast du schon etwas hierzu gehört?"
„Herrjemine", fällt Frau Ehrenreich ihrem Ehemann ins Wort. „Wie siehst du denn aus, Pastor?", richtet sie die Frage an Pastor Steiner.
„Halb so wild", antwortet der Pastor. „Hatte Ärger mit einigen braunen Gesellen. Wird schon wieder. Um deine Frage zu beantworten, Ben, ich habe bislang noch keine Meldung zu eurer Abreise erhalten. Gehe aber davon aus, dass ich in Kürze informiert werde. Macht euch keine Sorgen. Habt ihr einen Wunsch? Fehlt euch etwas? Bitte seid nicht schüchtern. Wenn es möglich ist, erfülle ich eure Wünsche."

Ben antwortet: „Ein oder zwei Decken und ein Kopfkissen wären schön."
„Kein Problem. Bringt euch Maria gleich vorbei", antwortet der Pastor.
Der Pastor verabschiedet sich und verlässt die Kellergewölbe auf dem gleichen Wege, wie er gekommen ist.

Am darauffolgenden Sonntag ist der Pastor wieder so weit genesen, dass er die heilige Messe halten kann. Die Predigt hält er allerdings noch im Sitzen seitlich am Altar. Die Kirche ist wie eigentlich jeden Sonntag recht gut besucht.
Der Pastor ist nicht bemüht, die Folgen des Angriffs auf ihn zu unterdrücken, vielmehr trägt er seine Verletzungen zur Schau.
An die Gemeinde gerichtet: „Ihr werdet euch fragen, wer mich so zugerichtet hat. Die braune Brut hat mir aufgelauert und mich zusammengeschlagen. Man will, dass ich schweige, euch nicht ins Gewissen spreche. Nicht auf die Schandtaten hinweise, die täglich stattfinden. Mindestens einer von euch ist ein Judas. Er besucht die Messe, aber er kommt nicht, um zu beten, sondern zum Bespitzeln. Man hat sich

nicht nur um mich gekümmert, sondern auch um meinen Hund. Dem hat man die Kehle durchgeschnitten und ihn mir tot vor die Tür gelegt.
Meine Haushälterin hat einen Zusammenbruch erlitten. Dem Kadaver hat man einen Brief beigelegt, indem man mir das gleiche Schicksal wie meinem Hund androht, wenn ich weiter in den Predigten auf die Schandtaten der NSDAP hinweise."
Der Pastor macht eine Pause. Dann fährt er fort. „Genau das sind die Methoden, die von unserer großen Volkspartei ausgehen. Sie dulden keine andere Meinung. Sie unterdrücken, foltern und töten alle, die sich ihnen entgegenstellen. Und noch schlimmer. Das gleiche Schicksal widerfährt auch den Menschen, die nicht der Ideologie der Nazis entsprechen. Sie müssen gar nichts tun. Einfach anders zu sein als von den Nazis gefordert, reicht vollkommen. Liebe Schwestern und Brüder, lasst euch nicht von der nationalsozialistischen Partei einschüchtern. Lasst euch nicht einreden, dass Menschen schlecht sind, nur weil sie anders sind. Geht entschlossen den Weg der Liebe und der Gerechtigkeit. Jeder ist selbst für sein

Tun verantwortlich. Und schon ein Wegschauen in Situationen, wo Schlechtes passiert, ist genauso schlimm, als hätte man selbst das Schlechte durchgeführt. Am jüngsten Tage wird jeder von unserem Heiland gefragt, ob er seinen Mitmenschen so geliebt hat, wie sich selbst. Jesus Christus wird dann über euch urteilen. Ich kann euch nur raten, seid standhaft. Schaut nicht weg. Helft einander. Amen."
Der Pastor ergreift noch einmal das Wort. „An den Judas unter euch gerichtet. Er kann gerne bei mir vorbeikommen und ein Manuskript der Predigt abholen. Er erspart sich dann das nachträgliche Aufschreiben."
Mühsam richtet der Pastor sich auf und geht bedächtig zum Altar, um von dort die Messe weiter zu feiern.

Kapitel 4

April 1943
Ein Klopfen an der Tür zum Hintereingang schreckt Maria auf. Es ist schon nach 20.00 Uhr. Wer könnte das sein?
Der Pastor hat sich nach dem Abendbrot in sein Arbeitszimmer zurückgezogen. Maria ist noch in der Küche tätig. Sie bereitet das Essen für den nächsten Tag vor.
„Wer ist dort?“, fragt Maria den vor der Tür stehenden Besucher.
„Ich bin eine Bekannte Ihres Pastors. Bitte lassen Sie mich herein.“
Maria ist misstrauisch. „Um was geht es denn zu so später Stunde?“, fragt sie die Besucherin.
„Das kann ich Ihnen nicht sagen. Ich muss ganz dringend den Pastor sprechen. Es geht um Leben und Tod.“
Maria öffnet die Tür. Vor ihr steht eine Frau. Sie schätzt das Alter auf Mitte 50.
„Kommen Sie herein. Ich bin Maria, die Haushälterin. Nehmen Sie doch Platz. Wen darf ich dem Pastor melden?“, fragt Maria den späten Gast.

„Namen sind unwichtig. Er kennt mich. Sagen Sie ihm, es geht um den Gefallen, den er mir getan hat. Dann weiß er schon Bescheid“, antwortet die Frau.

Maria geht und unterrichtet den Pastor über den Besuch. Kurze Zeit später erscheint der Pastor zusammen mit Maria.

„Guten Abend“, begrüßt der Pastor den unerwarteten Gast. „Ehrlich gesagt, habe ich schon früher mit Ihnen gerechnet.“ Und er ergänzt: „Meine Haushälterin weiß Bescheid. Wir können also in ihrem Beisein ganz offen sprechen.“

„Herr Pastor, zuerst möchte ich wissen, ob es der jüdischen Familie gut geht“, wendet sich die Frau an den Pastor.

Der Pastor schaut Maria an und antwortet dann auf die Frage der Frau: „Der Familie geht es gut, wenn man in dieser Situation überhaupt von gut sprechen kann. Vor allem Maria kümmert sich täglich mehrmals um unsere Gäste. Es wird jetzt aber Zeit, dass man ihnen konkrete Pläne für ihre Flucht vorlegt. Irgendwann geht auch die Hoffnung verloren, und so schön ist es in unseren Gewölben auch nicht.“

Der Pastor lächelt und wendet sich an Maria. „Maria, würdest du uns einen Tee zubereiten. Vielleicht befindet sich in deinem unermesslichen Vorrat ja sogar noch ein wenig Gebäck, welches du uns dazu reichen kannst.“
Maria geht in die Küche.
„Was können Sie mir Neues bezüglich der Flucht mitteilen?“, richtet sich der Pastor an die Frau.
Die Frau rückt näher an den Pastor heran. Es scheint, sie hat Angst, dass jemand Drittes das Gespräch mitbekommen könnte.
„Der Fluchtweg und auch die Zeit stehen fest. Die Route ist sehr beschwerlich. Wir machen uns Sorgen, dass die Kinder die nicht schaffen.“
Maria ist mit dem Tee zurückgekommen. Der Pastor steht auf und nimmt ihr die Teekanne aus der Hand. Maria stellt die Tassen auf den Tisch; der Pastor schenkt den Tee ein.
„Schaut, was ich noch gefunden habe.“ Maria präsentiert stolz eine Schüssel mit Gebäck. „Greifen Sie zu“, sagt Maria zu der Frau. Dann zum Pastor gerichtet. „Ich gehe noch einmal zu unseren anderen Gästen und biete Tee und Gebäck an.“

Damit verlässt Maria die Runde.
„Erzählen Sie mir, was Sie genau geplant haben?“, fragt der Pastor die Frau.
Die Frau kommt dem Pastor wieder näher. Leise sprechend: „Wir haben neue Pässe besorgt. Die sind ziemlich gut. Ein von uns gestelltes Paar wird als Fluchthelfer fungieren. Die Familie muss unerkannt über verschiedene Ländergrenzen kommen. Schwer wird schon der Übergang nach Belgien sein. Dann geht die Fahrt weiter durch das von Deutschland besetzte Frankreich. Diese Entfernungen werden mit dem Zug zurückgelegt. In Frankreich, genauer gesagt in Besancon, geht es auf Lastwagen weiter.
Kurz vor der Schweizer Grenze wird ein ortskundiger Führer die Gruppe übernehmen und über Schleichwege durch das Gebirge über die Schweizer Grenze bringen. Im schweizerischen Biel wird eine Pause von einem Tag eingelegt.“
Die Frau macht eine Pause, nimmt einen Keks und trinkt aus ihrer Tasse. Nach einer Weile fährt sie fort. „Ein großes Problem wird sein, in der Schweiz nicht als Flüchtling aufzufallen. Die Schweiz hat im letzten Jahr ihre Be-

stimmungen für illegale Zuwanderer drastisch verschärft. Flüchtlinge, denen der Grenzübertritt gelungen ist, werden ohne Ausnahmen wieder zurück in ihr Ausgangsland abgeschoben. Auch nach Nazi-Deutschland. Die Flucht muss mit Vorsicht ablaufen.
Von Biel geht es mit der Bahn weiter nach Genève. Von dort geht es mit einem ortskundigen Führer über die Grenze nach Frankreich. Anschließend weiter über Nebenstrecken bis nach Marseille."
Der Pfarrer hat bisher aufmerksam zugehört. Nun unterbricht er die Frau. „Warum ist ein Umweg durch die Schweiz geplant. Warum geht es nicht direkt durch ganz Frankreich?", fragt er.
Die Frau antwortet direkt: „Die Frage ist berechtigt, aber einfach zu erklären. Das von Nazi-Deutschland besetzte Frankreich ist für Flüchtlinge in vielen Teilen des Landes zu gefährlich. Deshalb sollte die Strecke durch Frankreich so kurz wie möglich sein." Die Frau nippt wieder an ihrer Tasse. „In zwei Wochen geht der Frachter von Marseille nach Brasilien. Schafft es die Familie, an Bord zu gelangen, ist sie gerettet."

Der Pfarrer hat sich zwischenzeitlich eine Zigarre angesteckt. Er zieht genüsslich an dieser und pustet den Rauch in die Luft.
„Die ganze Flucht basiert auf der Hilfe externer Fluchthelfer. Sehe ich das richtig?“
„Herr Pastor, das ist absolut richtig. Ohne erfahrene Helfer ist so eine Flucht nicht durchführbar“, antwortet die Frau.
Der Pastor hakt nach: „Darf ich fragen, wie hoch der Preis für diese Flucht ist.“
Die Frau schaut den Pastor einen Moment in die Augen. Dann spricht sie: „120.000 französische Francs. Zahlbar zur Hälfte zu Beginn und nach erfolgreichem Abschluss.“
„Ist das mit der Familie schon besprochen?“, fragt der Pastor.
„Ja, der Vater hat eingewilligt. 60.000 Francs sind bereits gezahlt.“
Der Pastor schüttelt den Kopf. „Sie nutzen die Not der Familie schamlos aus. Was seid ihr nur für Menschen.“
Die Frau bleibt ruhig bei ihrer Antwort. „Herr Pastor, bei mir bleibt nicht ein Franc. Ich setze mein Leben, ohne dass ich Geld dafür bekomme, ein. Ausschließlich nur aus Mitleid für diese Menschen. Und weil ich die Nazis

hasse." Ihr Tonfall hat sich beim Aussprechen des letzten Satzes verhärtet.
Für eine kurze Zeit bleibt es still im Raum.
Der Pastor rudert zurück. „Entschuldigen Sie. Ihre Einstellung finde ich sehr menschenwürdig. Vielleicht steht es mir auch nicht zu, den monetären Gesichtspunkt der Fluchthelfer zu verurteilen. Immerhin retten diese Menschenleben. Und sie riskieren ihr eigenes Leben dabei."
In diesem Moment kommt Maria zurück in den Raum. „Die Familie bestellt schöne Grüße." Und an die Frau gerichtet: „Ich habe der Familie erzählt, dass Sie zurzeit bei uns sind und Neuigkeiten überbringen. Vater und Mutter sind sehr gespannt darauf, wie es weitergeht. Sie würden sich freuen, wenn sie heute noch etwas Neues erfahren könnten."
Der Pastor wendet sich an die Frau. „Wann ist denn der Tag für die Flucht geplant?"
„Wir holen die Familie morgen um 20.00 Uhr ab. Die Kinder können dann den ersten Teil des Weges schlafen. Bitte versorgen Sie die Familie mit Nahrungsmitteln für den ersten Tag. Die weitere Verpflegung erfolgt unterwegs", antwortet die Frau.

Die Frau schaut auf ihre Uhr. „Es wird Zeit, dass ich mich jetzt verabschiede. Vielen Dank noch mal für Ihre Hilfe, Herr Pastor."
Und an Maria gerichtet: „Auch Ihnen vielen Dank, Fräulein Maria."
Maria bringt die Frau zum hinteren Ausgang. Als Maria zurückkommt, sitzt der Pastor im Sessel in seinem Arbeitszimmer. Er schaut Maria an und fragt: „Wird die Geschichte gut enden. Was glaubst du?"
„Wird schon werden, Herr Pastor", antwortet Maria und geht in die Küche, um noch einige Vorbereitungen für den nächsten Tag zu treffen.

Der Pastor begibt sich nach einer Weile in den Keller. Unter den Arm hat er einen Atlas geklemmt.
Dafür, dass Familie Ehrenreich schon den siebten Tag im Keller verbringt, hat Pastor Steiner einen recht guten Eindruck von ihr. Er begrüßt die Familie fröhlich.
Ben Ehrenreich kommt direkt zum Punkt. „Wie geht es jetzt weiter, August? Deine Haushälterin sagte uns eben, dass es Neues zu unserer Flucht gibt."

„Deshalb komme ich jetzt zu euch. Eine der Fluchthelferinnen war soeben bei uns und hat die neuesten Erkenntnisse mitgeteilt. Morgen Abend um 20.00 Uhr geht es los. Ihr werdet hier abgeholt. Es geht als Erstes über die Grenze nach Belgien. Dann geht die Fahrt weiter durch das von Deutschland besetzte Frankreich. Diese Entfernungen werden mit dem Zug zurückgelegt. In Frankreich, genauer gesagt in Besancon, geht es auf Lastwagen weiter. Kurz vor der Schweizer Grenze wird ein ortskundiger Führer die Gruppe übernehmen und über Schleichwege durch das Gebirge über die Schweizer Grenze bringen. Im schweizerischen Biel wird eine Pause von einem Tag eingelegt. Von Biel geht es mit der Bahn weiter nach Genève. Von dort geht es mit einem ortskundigen Führer über die Grenze nach Frankreich. Dann weiter über Nebenstrecken bis nach Marseille. In zwei Wochen geht der Frachter von Marseilles nach Brasilien. Dort angelangt, Ben, bist du und deine Familie gerettet."

Der Pastor klopft Ben auf die Schulter. „Ich habe ein gutes Gefühl. Ihr werdet es schaffen. Ich habe einen Atlas mitgebracht. Wenn du willst, können wir uns darauf einmal die Route ansehen."

Sally tritt nun zu den beiden Männern. Der Pastor schlägt den Atlas auf, sucht die passende Karte heraus. Gemeinsam schauen sich die drei Erwachsenen die Route an. Es ist schon eine enorme Entfernung, die bis zum rettenden Ziel zurückgelegt werden muss.

Sally wirkt nachdenklich. „Meinst du, Ben, dass unsere Kinder das schaffen werden?"

„Ich glaube das schon, Sally. Wir müssen Gott bitten, dass er uns beisteht", antwortet Ben.

„Was glaubst du, August", gibt Sally die Frage an den Pastor weiter. Die Antwort ihres Ehemannes scheint sie nicht überzeugt zu haben.

Der Pastor überlegt, bevor er spricht: „Ich hatte ja vorhin schon gesagt, dass ich davon überzeugt bin, dass eure Flucht gelingen wird. Es gibt für euch keine andere Alternative, wenn ihr am Leben bleiben wollt. Deshalb habt ihr richtig entschieden. Ihr müsst aber realistisch sein. Nicht nur die Flucht wird hart werden, sondern es wird nicht einfach sein, in einem fremden Land als Flüchtlinge zu leben. Ich gehe davon aus, dass ihr das wisst."

Am nächsten Morgen ist es noch keine 7 Uhr, als es an der Tür zum Pfarrhaus von Pastor August Steiner klopft. Maria öffnet die Tür. Sie wird schroff beiseite gedrückt. „Platz da“, ruft ihr eine Stimme entgegen.
Fünf Männer dringen in das Haus. „Wo ist das Individuum von Pfaffen“, ruft einer der grobschlächtigen Kerle.
Sie finden den Pastor in der Küche am Frühstückstisch.
„SA, mitkommen“, schreit ihn einer an. „Du bist verhaftet.“
Der Pastor will eine Frage stellen, da fliegt ihm eine Faust ins Gesicht. Der Schlag reißt ihn zu Boden. Blut spritzt aus Nase und Mund.
Maria hat das gesehen und will ihrem Herrn zu Hilfe eilen. Brutaler als beim ersten Mal wird sie zu Boden geschleudert.
Einer der fünf Männer tritt auf sie ein. „Pfaffenhure, halt dich zurück. Sonst nehmen wir dich auch noch mit“, schreit sie ein Kerl an.
Maria gibt auf. Sie hockt auf dem Boden und hält sich ihre Brust. Tränen kullern über ihre Wangen.
Sie sieht, wie der Pastor, gefesselt mit Händen auf dem Rücken, abgeführt und dann in einen

dunklen Wagen unsanft hineingestoßen wird. Insgesamt verlassen drei Fahrzeuge den Kirchplatz.
Maria sitzt noch eine ganze Weile geschockt auf dem Boden. Dann rappelt sie sich auf. Sie weiß, was sie nun zu tun hat. Das Schicksal der jüdischen Familie in den Kirchenkatakomben hängt jetzt allein von ihr ab. Durch die versteckte Wandöffnung schleicht sie sich in das Kellergewölbe zu den Flüchtlingen.
„Guten Morgen zusammen“, ruft sie in den Raum. Maria hat das Frühstück in ihrem Korb mitgebracht. Jetzt holt sie es heraus und stellt alles auf den Tisch ab. Die Familie sitzt bereits um den Tisch herum. Maria setzt sich zu ihnen.
Ben Ehrenreich steht auf und spricht ein Dankgebet. Danach wird gefrühstückt.
Maria nimmt nur noch eine Tasse Kaffee. Gegessen hatte sie bereits mit dem Pastor. Dann erzählt sie der Familie, dass der Pastor verhaftet wurde. Einen Grund der Verhaftung hat man nicht angegeben.
Ben ist irritiert. „Haben sie den Pastor verhaftet, weil er uns hilft? Haben die Nationalsozialisten erfahren, dass wir hier im Gewölbe unter

der Kirche versteckt gehalten werden?“
Maria kann sich das nicht vorstellen. Dann hätte man die Familie ebenfalls abgeholt. Die Verhaftung muss einen anderen Grund haben. Entweder handelt es sich um das Nichtsetzen der Fahne oder die mahnenden Worte des Pastors während der Gottesdienste.
Sie beendet ihre Erzählung mit den Worten: „Heute am Spätnachmittag werde ich euch Proviant und Wasser für die Flucht bringen. Gegen 20.00 Uhr werde ich Ausschau nach den Personen halten, die euch abholen.“

Kapitel 5

April 1943

Pastor Steiner wird in das Polizeipräsidium in Bochum gebracht. In diesem Gebäude an der Uhlandstraße hat auch die Gestapo ihren Sitz. Der Pastor kennt sich in Bochum gut aus. Er weiß, dass dieses Gebäude für Folter und Misshandlung durch die Gestapo steht.

Er sitzt im Auto auf der hinteren Bank zwischen zwei Gestapo-Schergen. Die Arme sind auf den Rücken gebunden. Anlehnen kann er sich nicht. Die Wunden in seinem Gesicht haben zwischenzeitlich aufgehört zu bluten. Er weiß nicht genau, wie lange die Fahrt gedauert hat. Er schätzt die Fahrzeit auf eine Stunde.

Das Tor neben dem Gebäude wird geöffnet.

Die Fahrzeuge fahren auf einen großen Hinterhof. Die Schergen springen aus dem Auto. Einer der beiden Männer zerrt den Pastor aus dem Wagen. Er versetzt ihm so einen harten Stoß, dass er vor der Wagentür auf dem Asphalt landet. Ein Abstützen ist nicht möglich, da seine Arme noch auf dem Rücken festgebunden sind. Sein rechter Oberarm schmerzt.

Der Pastor will sich aber nicht die Blöße geben und stöhnen, sondern beißt die Zähne aufeinander.
„Pfaffe, steh auf. Hat dir jemand erlaubt, es dir bequem zu machen.“
Derjenige, der ihm den Stoß versetzt hat, beschwert sich nun über ihn. Die beiden Männer packen ihn an den Armen und zerren ihn hoch. Der Pastor schreit willkürlich auf, als er am rechten Arm gepackt wird.
„Stell dich nicht so an, Pfaffe. Wir fangen doch erst gerade an mit dir. Ich merke schon, wir werden noch viel Spaß miteinander haben.“ Der Mann scheint Vergnügen daran zu haben, anderen Menschen Schmerzen zuzufügen.
Sie bringen ihn in die unteren Stockwerke des Gebäudes. Der Pastor erkennt lange Gänge. Immer wieder sind Schreie zu hören. Die Männer bringen den Pastor in einen fensterlosen Raum. Eine Glühbirne sorgt für schwaches Licht. Der Pastor erkennt einen Tisch und einen Stuhl. Auf dem Stuhl sitzt eine Person.
„Stellen Sie sich gerade hin, Mann“, schreit ihn die Person auf dem Stuhl an. „Wir sind hier nicht bei einem Kaffeekränzchen.“

Pastor Steiner spürt, wie es ihm schwarz vor den Augen wird. Er sackt in sich zusammen und verliert die Besinnung.
Wasser trifft sein Gesicht. Er prustet. Wo bin ich, denkt er.
„Aufstehen, Mann. Was fällt dir ein, einfach wegzunicken. Geschlafen wird später." Zwei Personen zerren den Pastor nach oben.
„Name", schreit ihn der Mann auf dem Stuhl an.
Der Pastor reagiert nicht.
„Mensch, deinen Namen. Ist das so schwer."
„Pastor Steiner von der Mariengemeinde in Lütgendortmund", antwortet er. Er torkelt. Wieder fällt er in sich zusammen. Die Besinnung schwindet.
Er hört noch den Mann sprechen, der am Tisch gesessen hatte. „Schaffen Sie ihn in eine Zelle. Spezialbehandlung." Dann schwinden ihm die Sinne.
In der Zelle kommt Pastor Steiner wieder zu sich. Seine Hände kann er bewegen. Die Bewegung seiner Hände führt zu einem stechenden Schmerz in seiner Schulter.
Er hört eine laute Stimme. „Aufstehen. An die Wand. Hände nach vorne. Fingerspitzen an die

Wand. Arsch nach hinten."
Aus den Fluren dringen laute Geräusche. Schreie von Menschen, die anscheinend gefoltert werden.
Nach einer gefühlten Ewigkeit des Stehens fällt er wieder in sich zusammen und verliert erneut die Besinnung.
Er weiß nicht, wie lange er ohnmächtig war; auf jeden Fall nicht lange genug. „Aufstehen. An die Wand. Hände nach vorne. Fingerspitzen an die Wand. Arsch nach hinten", wird er angeschrien.
Diesmal sackt er schon nach kurzer Zeit in sich zusammen. Die Schergen zerren ihn auf seine Pritsche. Der Akt wiederholt sich noch mehrmals.
Er wird von seiner Pritsche geholt und aus der Zelle in einen anderen Raum geschleppt. Hände drücken ihn nach unten auf einen Stuhl. „Sitzen Sie gerade, Mann", wird er angefahren. Zwei Personen zerren ihn hoch.
Vor ihm sitzt ein Mann an einem Tisch. „Name", schreit er ihn an.
Der Pastor schweigt.
„Willst du Abschaum wohl antworten", schreit ihn der Mann, der neben ihm steht, an. Nahezu

gleichzeitig mit den Worten trifft ihn eine Faust im Gesicht. Es knackt. Ein Zahn fällt zu Boden.

„Name“, wird er noch mal angeschrien.

„Pastor Steiner von der Mariengemeinde in Lütgendortmund“, antwortet er.

„Lauter, ich kann dich nicht verstehen“, schreit ihn sein Gegenüber an.

„Pastor Steiner von der Mariengemeinde in Lütgendortmund.“

„Ich habe dich nicht danach gefragt, ob du ein Pfaffe bist. Vor- und Zuname mit Geburtsdatum.“

„August Steiner, geb. 14.5.1892 in Castrop-Rauxel“, antwortet der Pastor.

„Beantworte zukünftig nur das, wonach ich frage. Der Geburtsort interessiert mich nicht und habe ich nicht nachgefragt“, wird der Pastor angeschrien.

Und wieder drücken ihn fremde Hände unsanft auf den Stuhl. „Hände auf die Oberschenkel, gerade sitzen.“ Ein Stock trifft die Hände des Pastors. Der möchte vor Schmerz schreien. Der Schrei bleibt ihm im Hals stecken oder wird übertönt von der Stimme seines Gegenübers.

„Was hältst du von unserem geliebten Führer und von unserer Partei?“, fragt ihn der Mann am Tisch.
Der Pastor versucht zu denken. Es fällt ihm schwer angesichts der Situation. Er ist kein Held. Aber er möchte auch nicht gegen seine Überzeugung sprechen.
„Los, Mann, antworte“, blökt es ihm entgegen.
Er fasst allen Mut zusammen und antwortet: „Hitler hat…“ Weiter kommt er nicht.
Er wird unsanft vom Stuhl gestoßen. Fällt hart auf den Boden.
„Pfaffe, hast du mit unserem geliebten Führer Bruderschaft getrunken. Was fällt dir ein, so von unserem Führer zu sprechen. Noch einmal meine Frage: Was hältst du von unserem geliebten Führer und von unserer Partei?“.
Der Pastor liegt noch auf dem Boden, versucht hochzukommen. Unsanft trifft ihn ein Fuß, der ihn wieder nach unten drückt.
Pastor Steiner überlegt jetzt genau, was er sagt. „Unser Führer Adolf Hitler hat vieles richtig gemacht, aber auch einiges nicht.“
Ein erneuter Tritt trifft den Oberkörper des Pastors. Er schreit. Ihm wird schwarz vor den Augen.

Der Mann vom Tisch hat sich über ihn gebeugt. Er brüllt ihn an: „Was fällt dir ein, so ein Urteil über unseren geliebten Führer zu fällen. Der Führer macht nur Gutes. Aber das wird so ein Individuum, wie du es bist, nicht verstehen. Du bist es nicht wert, in unserem schönen Vaterland zu leben."

Wieder trifft ihn ein Stiefel. Diesmal mitten ins Gesicht. Er wird auf den Stuhl gezerrt.

Dem Pastor ist nun schon fast alles egal. Er kann nicht mehr.

„Pfaffe, ist es richtig, dass du unsere geliebte Partei auf deiner Kanzel schlecht gemacht hast? Du hast gesagt: Lasst euch nicht beirren von den Reden und Sprüchen der Parteianhänger der NSDAP. Sie führen euch in die Finsternis, aus der es kein Entkommen gibt. Ist das von dir?"

Der Pastor nimmt nun allen Mut beisammen und antwortet: „Ja, das habe ich gesagt. Und ich stehe auch dazu."

Schweigen im Raum. Dann sagt der Mann vom Tisch: „Bringt ihn zurück in seine Zelle."

In der Nacht wird der Pastor immer wieder geweckt. Er muss aufstehen, wird in den Hof des Gefängnisses gebracht und muss mindestens eine halbe Stunde nackt an der Wand auf Zehenspitzen, die Arme ausgestreckt, die Finger die Wand berührend, stehen. Er hört die furchtbaren Schreie von Mitgefangenen. Er stellt sich vor, dass diese Menschen unschuldig sind und doch qualvoll gefoltert werden. Der Pastor ruft laut: „Der Herr möge euch allen beistehen. Friede sei mit euch“.

Kapitel 6

April 1943
Die Sonne scheint durch das vergitterte Fenster. Ein Zeichen, dass der Morgen da ist. Ein neuer Tag beginnt. Der Pastor richtet sich von seiner Pritsche auf. Er muss all seine Kräfte bündeln, um die Pritsche zu verlassen. Die Wunden, die ihm während der Verhöre beigebracht wurden, schmerzen sehr. Die Zellentür wird geöffnet. Drei Männer in SA-Uniformen packen den Pastor und ziehen ihn aus der Zelle.

„Hinstellen“, schreit ihn einer der Männer an. Nach einem langen Zeitraum des Stillstehens, befiehlt man dem Pastor, mitzukommen.

Auf dem Gefängnishof steht ein Lastkraftwagen. Nachdem die Männer der SA mit ihrem Gefangenen diesen erreicht haben, wird der Pastor mit einem Gewehrlauf bedroht und aufgefordert den Lastkraftwagen zu besteigen. Zehn Personen befinden sich bereits auf der Ladefläche des Lastkraftwagens. Sie sitzen auf dem Boden. Einige halten krampfhaft Gegenstände fest. Diese scheinen ihnen besonders

wichtig für die Zukunft zu sein.
Der Pastor steigt auf den Lastkraftwagen und grüßt die anderen Gefangenen. „Weiß einer von euch, wo wir hinfahren?“, fragt der Pastor die Anwesenden. Doch diese schütteln nur den Kopf.
Noch weitere fünf Gefangene werden auf den Wagen verfrachtet. Zwei Soldaten nehmen ebenfalls auf dem Lastwagen Platz. Dann setzt sich der Wagen in Bewegung.
„Wollt ihr zusammen mit mir beten?“, fragt der Pastor während der Fahrt seine Mitgefangenen. Der Pastor beginnt laut zu beten: „Gott Vater im Himmel, stehe deinen Kindern bei. Sie wissen nicht …“, weiter kommt er nicht.
Die Faust eines Soldaten trifft ihn ins Gesicht.
Auf der Ladefläche des Lastkraftwagens herrscht Ruhe. Nur die Geräusche des Motors sind zu vernehmen.
Dann ist unversehens eine Stimme zu vernehmen. „Vater unser, der du bist im Himmel.“
Eine zweite Stimme ist zu hören „Geheiligt werde dein Name“.
Dann eine dritte, vierte, fünfte Stimme „Dein Reich komme, dein Wille geschehe“.
Alle Gefangenen, mit Ausnahme des Pastors,

haben die Stimme erhoben.
„Im Himmel wie auf Erden. Unser tägliches Brot gib uns heute.“
Dann ist auch die Stimme des Pastors zu hören. „Und vergib uns unsere Schuld. Wie auch wir vergeben unseren Schuldigern.“
„Ruhe hier“, schreit ein Soldat.
„Und führe uns nicht in Versuchung, sondern erlöse uns von dem Bösen“, sprechen die Gefangenen wie im Chor.
Dann herrscht Stille auf der Ladefläche. Der Lkw fährt weiter seinem Bestimmungsort entgegen.

Gegen Mittag hat der Lastkraftwagen sein Ziel erreicht. Vor einem großen Tor bleibt er stehen. Über dem Tor ist ein Schild angebracht. Auf diesem steht: „KZ-Außenlager Ratingsee“.
Die Gefangenen müssen vom Lastkraftwagen steigen. Sie werden von mehreren Wärtern in eine Baracke geführt. Dort müssen sie sich ihrer Kleider entledigen. Die Kleider und sonstiges Eigentum werden ihnen abgenommen.
Durch eine Tür gelangen sie in einen Waschraum. Hier werden sie mit Wasserschläuchen

abgespritzt. Danach werden ihnen die Haare geschnitten. Es bleiben nur Haarstoppel stehen.
Ein Mann in weißem Kittel schaut den Häftlingen in den Mund. Dann entscheidet er die Arbeitsfähigkeit. Bei dem Pastor lautet seine Begutachtung „Mittlere Schwere der Arbeitsbedingungen“.
Die Männer müssen einen Sträflingsanzug anziehen. Dann werden sie auf mehrere Baracken verteilt.
Mit weiteren zwei Neuankömmlingen kommt der Pastor auf eine Baracke mit insgesamt 60 Gefangenen.
Die Neuankömmlinge bekommen eine Pritsche zugewiesen. Die Mitgefangenen sind nicht anwesend.
Danach werden die Neuankömmlinge wieder ins Freie geführt. Auf dem Hof kommen sie wieder zusammen. Sie müssen auf die Ladefläche eines Lkw steigen. Hierbei handelt es sich nicht um den Lkw, mit dem sie angekommen sind. Dieser Lkw setzt sich, nachdem die Gefangenen aufgestiegen sind, unvermittelt in Bewegung. Sie können nicht sehen, wohin man sie bringt.

Nach kurzer Fahrzeit bleibt der Lastkraftwagen stehen. Die Gefangenen müssen absteigen. Sie stehen inmitten von zerbombten Häusern. Viele Strafgefangene sind zu sehen. Mit bloßen Händen oder mit Hacke und Schaufel arbeiten sich die Männer durch das Geröll. Der Pastor bekommt mit den anderen Neuankömmlingen eine Ecke zugewiesen. Ein Aufseher drückt ihm eine Hacke in die Hände.
Pastor Steiner schaut sich an, wie seine schon länger arbeitenden Mitgefangenen vorgehen. So macht er es ihnen nach. Schon nach kurzer Zeit fühlt er sich am Ende seiner Kräfte.
Ein Wärter, der ebenfalls Sträflingskleidung trägt, raunzt ihn an. „Weiter, weiter", ruft dieser Mann.
Dann verspürt der Pastor eine Hand auf seinen Rücken. „Wenn du nicht erschossen werden willst, solltest du weiterarbeiten", flüstert ihm einer seiner Mithäftlinge zu.
Pastor Steiner nimmt alle seine Kräfte zusammen und arbeitet sich durch den Schutt. Im Laufe des Nachmittags sieht er, wie immer wieder Häftlinge zusammenbrechen. Mithäftlinge müssen diese Personen dann zu einem Sammelplatz tragen. Von dort aus werden die

teilweise leblosen Körper auf einen Lkw verladen, der später wegfährt und die Menschen irgendwo hinbringt.
Manch eine Person wird noch leben, aber darum kümmert sich keiner, geht es dem Pastor durch den Kopf. Was dann mit den Körpern passiert, können sich die Häftlinge denken. Es wird aber nicht offen ausgesprochen. Auf jeden Fall tauchen die Geschundenen nicht mehr auf.
Als Pastor Steiner all diese leblosen Körper sieht, fasst er noch einmal allen Mut zusammen. Er lässt seine Hacke fallen, spricht laut ein Gebet und bekreuzigt aus der Ferne die Menschen, die verstorben sind oder nicht mehr lange zu leben haben.
Wider seine Erwartung lässt man ihn gewähren. Keiner der Wärter greift ein. Mithäftlinge, die das sehen, sind erstaunt.

Der Abend ist schon angebrochen, als die Männer wieder auf Lastkraftwagen verladen und zurück ins Lager gebracht werden. Ihnen wird eine karge Mahlzeit gereicht. Wassersuppe und ein Kanten Brot. Das Brot ist so hart, dass es einem Stein gleicht. Dieses Abendbrot

nehmen die Häftlinge im Freien ein. Danach müssen sie zurück in ihre Baracke.
Pastor Steiner macht sich an diesem Abend mit seinen Mithäftlingen bekannt und gibt zu erkennen, dass er ein katholischer Priester ist. Er bietet seinen Mithäftlingen an, gemeinsam ein Gebet zu sprechen. Mehrere der Mithäftlinge nehmen das Angebot an.
Pastor Steiner bittet an diesem Abend Gott, er möge ihnen die Kraft geben, die Strapazen zu überstehen. Eingeschlossen in seine Bitten ist der Wunsch, irgendwann gesund wieder in die Heimat zu den Angehörigen zurückkehren zu können.
Pastor Steiner vergisst aber auch nicht, Gott Danke zu sagen, dafür, dass er bei ihnen ist und sie begleitet.
Das Dankesagen stößt einem Mithäftling sauer auf. „Pastor, wie kannst du dich bei deinem Gott dafür bedanken, dass du in einem Lager sitzt und mehr tot als lebendig bist?“, fragt er den Pastor.
„Weißt du, guter Mann, du hast sogar recht. Ich bin wie ihr in einem Lager und muss um mein Leben bangen. Aber ich bin noch am Leben. Und ich darf in eurer Gesellschaft sein.

Ich kann Gott bitten und ich kann Gott danken. Ich kann ein Mensch sein. Und ich glaube daran, dass nach diesem Leben noch ein Leben folgt. Und dieser Glaube macht mich froh und er gibt mir Kraft, dass ich noch schlimmere Situationen meistern kann. Ich kann dir nur wünschen, dass auch du irgendwann diese Hoffnung hast. Gott möge dir helfen", spricht der Pastor laut in den Raum und schaut dabei in die Runde seiner Mithäftlinge.

In dieser ersten Nacht im Lager schläft Pastor Steiner nicht gut. Immer wieder hört er das Stöhnen und Jammern der Gefangenen.

Draußen ist es noch nicht hell, als Bewegung ins Lager kommt. Der Ruf „Aufstehen" ist laut zu vernehmen. Die Männer können sich in den Waschräumen etwas frischmachen. Immer in Gruppen von 10 Personen besteht die Möglichkeit, die Toiletten aufzusuchen.
Danach gibt es ein einfaches Frühstück. Humpen Brot und gefärbtes heißes Wasser. Später werden die Häftlinge barackenweise aufgerufen. Sie müssen sich in Reih und Glied aufstellen. Ihre Namen werden verlesen. Dann wer-

den sie auf Lastkraftwagen gepfercht und zu ihren Arbeitsstellen gefahren.

Pastor Steiner fällt die harte Arbeit weiterhin schwer. Mit seinem Team ist er damit beschäftigt, das Geröll eines vom Bombenangriff getroffenen Gebäudes beiseitezuräumen, als ein großer Knall nicht weit von seinem Arbeitsplatz zu vernehmen ist. Menschenteile, vermengt mit Geröll, fliegen durch die Luft. Der Pastor wirft sich wie automatisch auf den Boden. Den Kopf geschützt mit seinen Händen. Seine Teamkollegen haben es wie er gemacht. Als der Knall verhallt ist, schaut der Pastor sich um. Viel kann er nicht erkennen, da Nebelschwaden in der Luft liegen, die das Sehen schwierig machen.
„Was war das denn?“, fragt der Pastor in die Runde.
„Entweder war das eine Granate oder eine Bombe. Hat dir keiner gesagt, dass du vorsichtig buddeln musst, damit du nicht auf eine Granate oder eine nicht gezündete Bombe triffst, Pastor?“, wird der Pastor von einem Mithäftling angesprochen.
„Nein, das hat mir keiner gesagt. Jetzt muss

ich allerdings sagen, dass ich selbst darauf hätte kommen können. Es liegen in Deutschland eine Menge Blindgänger herum. Unsere Kriegsgegner haben uns mit Bomben wortwörtlich tot geworfen."
Einige Sekunden herrscht Totenstille.

Abends im Lager erfährt der Pastor, dass zwei Menschen getötet wurden. Drei weitere Personen, darunter ein Wärter, wurden schwer verletzt.
Auch an diesem Abend findet sich wieder ein Kreis Betender zusammen. Die Kunde, dass ein katholischer Priester unter den Häftlingen ist, hat sich zwischenzeitlich im Lager herumgesprochen. So erhält der Pastor an diesem Abend die Nachricht mit der Frage, ob er nicht auch in andere Baracken zum Gebet kommen kann.
Der Pastor lässt über Wärter an den Lagerkommandanten die Frage stellen, ob er als katholischer Priester sich mit Mithäftlingen aus anderen Baracken zum Gebet treffen darf. Er hofft darauf, dass schon am nächsten Tag dieser Bitte stattgegeben wird.
Die Nacht verläuft ruhig. Der Pastor schläft

besser als in der Nacht vorher.

Am nächsten Morgen beim Frühstück wird der Name August Steiner ausgerufen. Pastor Steiner meldet sich. Abgeführt von zwei Wärtern wird er zum Lagerkommandanten gebracht. Das Domizil des Lagerkommandanten ist nicht vergleichbar mit den Baracken der Häftlinge. Es handelt sich um eine Villa auf einer kleinen Anhöhe.

Pastor Steiner muss im Flur warten. Nach einer Weile wird er in das Büro des Lagerkommandanten geführt. Der Lagerkommandant ist ein hochgewachsener Mann mit sportlicher Figur. Der Pastor schätzt das Alter auf Anfang dreißig. Der Lagerkommandant stellt sich als Major Villigst vor. Er baut sich vor dem Pastor auf und schaut ihm in die Augen. Dabei mustert er ihn von oben bis unten.

„Du bist also der Priester, der mit seinen Mithäftlingen beten will. Einen Gott anrufen, den es nicht gibt.“

Der Major legt eine Pause ein. Die Hände auf den Rücken verschränkt, geht er schweigend um den Pastor herum. „Warum sollte ich dir deiner Meinung nach die Genehmigung für das gemeinsame Beten erlauben?“, stellt er nach

einer Weile die Frage.
Pastor Steiner schweigt erst einmal. Dann schaut er den Major an. „Herr Major, ich möchte mich bei Ihnen bedanken, dass Sie sich überhaupt die Zeit nehmen, mit mir persönlich über mein Anliegen zu sprechen. Ich glaube, das ist nicht selbstverständlich. Ich bin der Meinung, dass auch Sie etwas davon haben, wenn die Mithäftlinge in der Gemeinschaft beten können. Ich bin mir sicher, dass die meisten von ihnen aus dem Gebet gestärkt hinausgehen. Bitte nehmen Sie es mir nicht übel: Ich glaube, die Häftlinge werden aus dem Gebet heraus neue Hoffnung und neuen Mut gewinnen. Menschen voller Hoffnung können viel besser arbeiten. Und somit hätte das auch einen Vorteil für Sie."
Der Major überlegt. „Pastor, kann ich mich darauf verlassen, dass du die Leute nicht gegen uns aufstachelst?", richtet er die Frage an den Priester.
„Das verspreche ich", antwortet der Pastor.
„In Ordnung. Du kannst montags, mittwochs und samstags jeweils nach dem Abendbrot mit den Häftlingen beten oder einen Gottesdienst in der Speisebaracke oder im Freien abhalten.

Solltest du dich nicht an die Absprache halten oder das Beten findet nicht im Ruhigen statt, werden wir sofort einschreiten. Und jetzt gehe zur Arbeit.“
Der Priester bleibt noch stehen. „Darf ich noch eine Bitte äußern, Herr Major?“
Der Major schaut ihn ernst an. „Na dann, los“, antwortet er.
„Herr Major, darf ich den Sterbenden die letzte Ölung geben und mich um die Kranken im Lager kümmern?“, fragt der Pastor.
„Ja, aber nur, wenn deine Arbeit nicht darunter leidet. Ich werde Anweisung geben, dass du die anderen Baracken aufsuchen darfst. War es das jetzt?“
Pastor Steiner bedankt sich bei Major Villigst. Die Wärter führen ihn zurück in seine Baracke.
Seine Mithäftlinge sind bereits zur Arbeit gefahren worden. Der Pastor wird in einem Jeep zur Arbeitsstelle gebracht.
Auch an diesem Tag explodieren wieder bei der Arbeit Blindgänger von Granaten und Fliegerbomben. Einige der Häftlinge verlieren ihr Leben. Andere werden verletzt.

Am Abend hält der Pastor seinen ersten Lagergottesdienst. Der Gottesdienst findet aufgrund der guten Wetterlage nicht wie geplant in der Speise-Baracke, sondern im Freien statt. Mehr als zweihundert Häftlinge nehmen daran teil.
Der Gottesdienst steht unter Beobachtung der Wärter. Pastor Steiner vermeidet in seiner kurzen Ansprache jede Kritik am Nationalsozialismus im Allgemeinen, aber auch gegen die Zustände im KZ Außenstelle Ratingsee im Speziellen.

Das Wetter im April 1943 ist, wie man es von dem Monat April erwartet, sehr wechselhaft. War es gestern beim Gottesdienst noch trocken und relativ warm, so ist es am heutigen Donnerstag kalt und regnerisch.
Das Arbeiten in den Ruinen ist anstrengender als an anderen Tagen.

Nach dem kargen Abendmahl geht der Priester von einer Baracke zur nächsten und fragt die Mithäftlinge, ob sie seelsorgerischen Beistand benötigen. Manch einer nimmt das Angebot gerne an. Auch an diesem Abend sind einige

Sterbende unter den Insassen. Soweit das noch möglich ist, betet er mit ihnen. Einigen erteilt er das Sakrament der letzten Ölung. Dabei weiß der Pastor nicht, ob die Betroffenen dem katholischen Glauben verbunden sind. Das spielt aber für ihn auch keine Rolle. Er beendet seinen Rundgang erst, als die nächtliche Ruhe angesagt wird.

Die nächsten Tage vergehen ohne große Vorkommnisse. Es kommt immer mal wieder vor, dass ein Häftling, der sich etwas zu Schulden kommen lassen hat, vor den Augen der Mithäftlinge bestraft wird. Hierbei handelt es sich in der Regel um das Auspeitschen. Die öffentliche Bestrafung dient wohl der Abschreckung. Die Schreie der Bestraften sind grausam.

Der Dienstag, 27. April 1943, beginnt wie jeder andere Tag. Am frühen Morgen werden die Häftlinge in die Ruinen gefahren. Die mühselige, gefährliche Arbeit beginnt.
Pastor Steiner fühlt sich heute nicht gut. Die ganze Nacht hat er an wässerigem Stuhlgang gelitten und musste mehrmals die Toilettenanlage aufsuchen.

Die Stunden des heutigen Tages wollen nicht vergehen. Schon die vierte Woche befindet er sich in diesem Lager. Er fragt sich, was wohl aus den jüdischen Flüchtlingen geworden ist, die in seiner Kirche Unterschlupf gefunden hatten. Ist seine Haushälterin mit der Aufgabe fertig geworden? Ist die Flucht unentdeckt geblieben? Fragen, für die er keine Antwort weiß.

Spätnachmittags werden die Häftlinge zurück ins Lager gebracht. Der Pastor begibt sich trotz Übelkeit nach dem Abendessen noch auf seine Runde durch das Lager. Bisher konnte er seiner seelsorgerischen Aufgabe ohne Zwischenvorkommnisse nachkommen. Als die Abendruhe ausgerufen wird, begibt er sich zu seiner Baracke zurück.

Kapitel 7

Frühjahr/Sommer 1943
Gegen 23.00 Uhr sind Geräusche von Flugzeugen zu vernehmen. Zeitgleich wird die Tür der Baracke geöffnet. „Fliegeralarm“ wird in den Raum gerufen. „Raus ins Freie“.
Pastor Steiner springt von seiner Pritsche. Zusammen mit seinen Barackenkameraden sucht er den Weg ins Freie.
Draußen werden die Häftlinge zusammengetrieben. Im Laufschritt geht es Richtung Luftschutzbunker.
Zusammen mit seinen Kameraden hat der Pastor den Bunker gerade erreicht, als eine Bombe das Lager trifft. Der Pastor kann sich noch im Bunker in Sicherheit bringen. Männer hinter ihm, werden von der Wirkung der Bombe durch die Luft geschleudert.
Die Tür zum Bunker wird verschlossen. Die Geräusche von menschlichen Tönen und detonierten Granaten und Fliegerbomben sind zu hören. Die Erde bebt förmlich.
Nach rund einer halben Stunde wird es ruhiger. Ein Wärter peilt die Lage.

Die Gefangenen werden nach draußen geführt. Es bietet sich ein Bild der Verwüstung. Das Lager ist völlig zerstört. Von überall ertönt lautes Gejammer und Geschrei.
Menschen im Ganzen oder Teile von ihnen liegen zwischen den Trümmern der zerstörten Baracken. Alles ist dem Erdboden gleichgemacht. Die Häftlinge, die unverletzt geblieben sind, werden zusammengetrieben und in Gruppen aus dem zerstörten Lager geführt.
Wie viele Menschen ihr Leben lassen mussten, kann Pastor Steiner nur schätzen. Vielleicht 50 oder 100 Menschenleben und viele Verletzte hat dieser Angriff gekostet.

Es geht Richtung Bahnhof. Am Bahnhof werden die Häftlinge auf ein Feld getrieben. Dort müssen sie verweilen, bis der Zug, der sie in ein anderes Lager bringen wird, abfahrbereit ist.
Die Wärter patrouillieren mit umgelegter Maschinenpistole die Gefangenen.
Der Pastor hat Hunger und Durst.

Nach stundenlangem Warten am Bahnhof werden die Häftlinge zum Güterzug getrieben.

Dort müssen sie in bereitstehende Viehwaggons klettern. Wohin genau die Reise geht, weiß der Pastor nicht. Mitbekommen hatte er ein Gespräch der Wärter, in dem der Name Buchenwald gefallen war. Aber auch Orte wie die Konzentrations-Außenlager in Köln-Deutz und Düsseldorf wurden genannt.
Pastor Steiner hat schon vom Konzentrationslager Buchenwald gehört. Er weiß, dass von dort nur wenige lebend herauskommen.
Das Gefühl von Angst breitet sich in ihm aus, aber er will sich die Angst nicht anmerken lassen. Deshalb stimmt er ein Gebet an. „Gott Vater im Himmel schaue auf uns hernieder. Wir brauchen dich jetzt. Lass unser Flehen nicht unnütz sein. Komm zu uns mit deinem Geist und bleibe bei uns. Du schenkst uns Rettung."
Er macht eine kurze Pause und stimmt dann das „Vater unser" an. Nach kurzer Zeit beten nahezu alle Insassen des Viehwaggons mit dem Pastor zusammen das „Vater unser".

Nach rund einer Stunde Fahrt hält der Zug an. Am Waggon, in dem der Pastor untergebracht ist, öffnet sich die Tür.

Vor der Tür stehen bewaffnete Soldaten. Einer von ihnen brüllt die Insassen im Waggon an: „Aussteigen und in Reih und Glied aufstellen.“ Dem Soldaten geht das nicht schnell genug. „Aussteigen. Schneller“, schreit er die Häftlinge an.
Der Pastor ist einer der Letzten, der den Waggon verlässt. Auf dem Weg zu seinen Kameraden nimmt er das Schild am Bahnsteig wahr. Auf dem Schild steht „Köln-Deutz“.
Der Pastor schließt für einen Moment die Augen und bedankt sich bei seinem Gott.
„Brauchst du eine Extraeinladung“, wird er scharf aus seinen Gedanken gerissen.
Der Tross setzt sich in Bewegung. Nach zwanzig Minuten Fußmarsch ist das Ziel erreicht.

Auf dem Schild über dem großen Tor ist zu lesen *Konzentrationslager Köln-Deutz.* Die rund fünfzig neuen Gefangenen werden auf die einzelnen Baracken verteilt. Dort erhalten sie von einem Behelfswärter die Pritschen zugeordnet.
Danach gibt es keine Möglichkeit der Ruhe. Die Häftlinge werden auf Lastkraftwagen gepfercht und zu ihrer neuen Arbeitsstelle gefah-

ren. Ihr Einsatz ist im Gleisbau für die Reichsbahn.
Der Pastor wird in die Gruppe eingeteilt, die für das Beschaffen der Stahltrassen verantwortlich ist. Eine knüppelharte Aufgabe.
Der Pastor ist schon nach einer Stunde Arbeit froh, als er den Gong für die Mittagspause vernimmt.
Das Essen ist noch spärlicher als im alten Lager. Die der Wassersuppe beigefügte Scheibe Brot weist Schimmelansätze auf.
Pastor Steiner weiß aber, dass er, wenn er am Leben bleiben will, essen und trinken muss; auch dann, wenn die Kost schlecht und zu wenig ist.

Nach dem Abendbrot bietet der Pastor in seiner Baracke einen Gebetskreis an. Das Angebot des Priesters wird von einigen der Insassen angenommen. Pastor Steiner ist sich noch nicht klar darüber, ob er den Lagerkommandanten um die Erlaubnis bitten soll, einen Gebetskreis auch in den anderen Baracken durchführen zu dürfen.
Am Abend beim Abendbrot hatte sich ein Zwischenfall ereignet, der ihn zweifeln lässt,

ob es sinnvoll ist, mit dem Lagerkommandanten ein Gespräch zu führen. Ihm war aufgefallen, dass die Wärter in diesem Lager strenger waren, als er es aus dem anderen Lager kannte. Diese Wärter gingen brutaler mit den Häftlingen um.
Pastor Steiner ist noch in seinen Gedanken, da wird der Gebetskreis von Wärtern schroff unterbrochen.
„So etwas dulden wir in diesem Lager nicht. Pfaffe, wenn du mit deinem Gott sprechen willst, dann mach dieses für dich alleine“, fährt ihn ein Wärter an. „Mitkommen zum Lagerkommandanten“, spricht dieser Wärter weiter.
Pastor Steiner wird abgeführt und zum Lagerkommandanten gebracht. Der schaut ihn eine Weile an.
„Pfaffe, was hast du dir denn dabei gedacht. Das ist aber nicht mit deinen Kirchenfürsten so abgesprochen. Dafür bekommst du zwei Tage Arrest bei Dunkelhaft.“
Der Pastor versucht, dazwischenzusprechen.
Er wird scharf vom Lagerkommandanten unterbrochen. „Noch ein Wort und du wanderst für drei Tage in Einzelhaft.“ Und an die Wär-

ter gerichtet: „Verbreitet dieses im Lager. Ich dulde keine Zusammenkunft mit dem Ziel zu beten. Die Kirche hat in unserem Lager und in unserem geliebten Vaterland nichts zu suchen. Und solange ich was zu sagen habe, bleibt es auch so in unserem Lager. Bringt den Pfaffen weg.“

Pastor Steiner wird in eine Zelle gebracht. Diese Zelle ist 2 m x 3 m groß und hat kein Fenster. Eingerichtet ist sie mit einer Pritsche und einem Eimer. Ansonsten befindet sich kein Inventar in der Zelle.
Es müssen sich weitere Zellen in diesem Gebäudetrakt befinden, denn der Pastor vernimmt Schreie. Es hört sich an, als würde ein Mensch gefoltert.
„Wo bin ich hier nur gelandet“, geht es ihm durch den Kopf.
Einmal am Tag bekommt er Wasser und einen Kanten trockenes Brot. Er kennt das Alleinsein aus den Exerzitien. Bei den Exerzitien, an denen der Pastor teilgenommen hat, war er nicht eingesperrt, aber doch mehrere Tage zum großen Teil alleine; die andere Zeit hat er mit Gleichgesinnten bei den Mahlzeiten schwei-

gend verbracht.

Das Eingesperrtsein auf engstem Raum ist belastend. Die Wärter lassen ihn in den zwei Tagen in Ruhe. Der Pastor wird weder verhört noch gefoltert.

Nach zwei Tagen wird er zurück in die Baracke gebracht. Die Mithäftlinge sind gewarnt. Sie meiden möglichst jeden Kontakt mit dem „Pfaffen".

Die nächsten Tage und Wochen vergehen ohne weitere Besonderheiten. Zwischendurch gibt es immer wieder Fliegeralarm und Bomben fallen vom Himmel. Das Lager wird aber nicht getroffen.

Überraschenderweise wird der Pastor knapp vier Monate nach seiner Verhaftung aus der Haft entlassen. Er darf in seine Kirchengemeinde zurückkehren.

Anfang August kommt Pastor Steiner zurück in seine Pfarrgemeinde. Maria erwartet ihn bereits. Sie ist überglücklich, ihren Pastor zwar

etwas abgemagert, aber gesund wieder zu sehen.
In seiner Abwesenheit wurde die Pfarrgemeinde von den Nachbarpfarreien mit betreut.
Aufgrund der geographischen Lage war der Ortsteil, in der sich die Pfarrgemeinde befindet, besonders durch die Luftangriffe, vor allem die auf Bochum und Dortmund, gefährdet. Viele Häuser im Ort wurden stark beschädigt. Die Kirche und das Pfarrhaus haben die Bombenangriffe nahezu unbeschadet überstanden. Wie durch ein Wunder machten die Bomben am Portal der Kirche Halt.
Maria erzählte dem Pastor, dass zweimal ein Hagel von Brandbomben auf den Ort abgeworfen wurde; in einzelnen Häusern seien Brände entstanden. So auch im Hause der Küsterin der Pfarrgemeinde. Dort konnte der Brand aber schnell gelöscht werden.
Weiter erzählte sie, dass die Tante Therese, wohnhaft im Nachbarort, bei einem Bombenangriff ihr Auge verloren hat. Sie hätte sich geweigert, in den Luftschutzbunker zu gehen und sei stattdessen im Keller des Hauses während des Bombenangriffes geblieben. Dabei habe sie noch einen guten Schutzengel gehabt,

erzählte Maria dem Pastor weiter. Wäre sie mit in den Luftschutzbunker gegangen, wäre sie wahrscheinlich durch einen umgeknickten Stahlträger, beschädigt durch die Detonation, getötet worden. Dieser Stahlträger sei genau auf dem Platz heruntergekommen, wo die Tante sonst immer gesessen hat.

Bei einer guten Tasse Kaffee erzählt Maria dem Pastor, wie es mit der jüdischen Familie weitergegangen ist.
„Hochwürden", beginnt sie ihre Erzählung. „Die SA war an dem Tag, als Sie verhaftet wurden, noch einmal im Pfarrhaus und hat in Ihren Unterlagen geschnüffelt. Sie sind durch das ganze Haus gegangen und waren auch im Keller. Ihnen ist aber nicht der geheime Eingang zum Kellergewölbe aufgefallen. Sie haben einige Ihrer Predigten mitgenommen, schienen aber nicht zufrieden zu sein. Nachdem die SA das Haus wieder verlassen hat, bin ich zur jüdischen Familie gegangen. Zum Glück haben sie nichts von dem Besuch der SA mitbekommen. Auch dringen Geräusche so schnell nicht nach außen. Sie haben sich in ihrem selbstgewählten Gefängnis sowieso ru-

hig verhalten. Die SA hat keinen Verdacht geschöpft. Am späten Nachmittag habe ich der jüdischen Familie Proviant und Wasser für die Reise gebracht. Sie waren sehr dankbar und um Sie, Hochwürden, in Sorge. So gegen 20.00 Uhr ist dann die Frau gekommen. Sie wissen schon, Hochwürden. Die Frau, die Sie um Hilfe gebeten hat. Die Frau hat die jüdische Familie abgeholt. Danach habe ich nichts mehr von der Familie gehört. Wäre die Flucht der SA bei uns im Ort aufgefallen, hätte ich das sicherlich mitbekommen. Die Frau habe ich auch nicht wieder getroffen. Ich hoffe, dass die Familie die Flucht gut überstanden hat und zwischenzeitlich an ihrem Zielort angekommen ist."

Maria macht eine Pause und sie lächelt Hochwürden an. „Ich freue mich sehr, Hochwürden, dass Sie wieder zurück sind."

Und etwas schmunzelnd: „Jetzt dürfen Sie aber auch keinen Blödsinn mehr machen. Ich möchte nicht noch einmal, dass man Sie abholt und einsperrt."

Der Pastor meldet sich am nächsten Tag bei dem zuständigen Erzbistum, dem Erzbistum

Paderborn, zurück. Der zuständige Priester überträgt ihm wieder die vollständige Aufgabe zum Führen der Pfarrgemeinde. Einer Pfarrgemeinde, die zu 80 % aus Frauen, Kindern und alten Menschen besteht.

Am nächsten Tag verlässt der Pastor das Pfarrhaus. Er schaut nach links; er schaut nach rechts. Nach vorne und nach hinten. Von allen Seiten das gleiche Bild. Zertrümmerte Häuser. Kinder die in den Trümmern der Ruinen spielen. Frauen, die versuchen auf dem Schwarzmarkt etwas für ihre Familie zu besorgen.
Er geht in die nächstgelegene Ruine eines Mehrfamilien-Wohnhauses. Ihn macht der Anblick der Alten, der Kinder und ihrer Mütter traurig. Hunger und Not prägen den Alltag. Die Menschen können tröstende Worte gebrauchen.
Eine Frau kommt auf den Pastor zu. „Herr Pastor“, ruft sie erfreut, als sie ihn sieht. „Sie leben, wie schön. Endlich können wir wieder eine Messe feiern.“
Die Frau umarmt den Pastor.
Pastor Steiner erwidert die Umarmung.
Der Pastor schaut sich um. Die Engländer ha-

ben mit ihren Luftangriffen ganze Arbeit geleistet.
An diesem Tag dreht er eine große Runde durch die Ruinen und Häuser des Ortes. Er meldet sich zurück und spendet, wo es erforderlich ist, Trost und verbreitet Hoffnung auf eine bessere Zeit. Er lädt alle zur heiligen Messe am Sonntag in die Kirche ein.
Nicht überall ist er aber gerne gesehen. Die Nationalsozialisten und ihre Anhänger lassen ihn spüren, dass sie nicht verstehen, dass er aus dem Konzentrationslager in die Freiheit entlassen wurde. Sie würden ihn am liebsten so schnell wie möglich wieder in Haft sehen.
Der Pastor weiß, dass er sich vor diesen Leuten in Acht nehmen muss. Aber seine freie Meinungsäußerung wird er sich von diesen Menschen nicht nehmen lassen.

Maria ist glücklich, Ihren Herrn Pastor wieder zurückzuhaben. Für den Abend bereitet sie ein den Umständen entsprechend „üppiges“ Mahl vor. Steckrüben mit Kartoffeln.
Der Pastor haut richtig rein und bereut es in der Nacht. Sein Magen ist die Mengen von Nahrung nicht mehr gewohnt. Er hat fürchter-

liche Krämpfe.

Der nächste Tag ist ein Samstag. Der Pastor macht nach dem Lesen der Leviten und dem Frühstück wieder eine Runde durch die Ruinen seiner Ortschaft, die er nicht mehr wiedererkennt.
In Gedanken ist er bei der Predigt für den Sonntag. Er spricht mit vielen Menschen und packt an, wo er sieht, dass Hilfe erforderlich ist. Ihm ist keine Arbeit zu schwer.

Gegen Mittag ertönen die Sirenen. Die Engländer fliegen einen Angriff gegen das Ruhrgebiet. Wahrscheinlich gelten die Angriffe den Städten Bochum und Dortmund. Nachbarorte sind mitbetroffen. Zusammen mit vielen anderen sucht er den nächsten Luftschutzbunker auf. Er hofft darauf, dass Maria genauso wie er, gehandelt hat. Er weiß, dass sie – wie auch ihre Cousine – sehr stur sein kann. Manchmal hat sie auch ein wenig zu viel Gottvertrauen.

Bis zur Entwarnung vergehen nahezu eineinhalb Stunden. Den Pastor zieht es direkt zurück nach Hause. Er will sich vergewissern, dass Maria nichts passiert ist. Manchmal kommt er sich vor wie ein Ehemann, es könnte eine Ehebeziehung sein. Aber dies ist es keinesfalls. Er steht voll hinter dem Zölibat, auch wenn er es zu manchen Zeiten nicht versteht. Jesus hat sicherlich nichts dagegen, denkt er dann.

Aber diese Gedanken sind nur von kurzer Dauer. Er hat Maria sehr gerne, aber seine Liebe gilt ausschließlich der Heiligen Dreifaltigkeit. Gott Vater, Gott Sohn und Gott Heiliger Geist.

Maria weiß, wie er darüber denkt, und er weiß, dass Maria hierüber genauso denkt. Der Pastor weiß aber auch, dass eine enge Bindung zwischen ihm und Maria besteht.

Als der Pastor zu Hause eintrifft, ist Maria in der Küche. Sie bereitet eine Mahlzeit vor. Sie wendet sich ihm zu und spricht: „Hochwürden, schön, dass Sie gesund den Luftangriff überstanden haben. Ich hatte mir Sorgen um Sie gemacht. Das war ja ein gewaltiger Angriff der Engländer. Ich habe in unserem Kellergewölbe Schutz gesucht. In unserem Kellergewölbe ist man genauso sicher wie in den öffentlichen

Bunkern."
Der Pastor schaut Maria in die Augen. Nach einer Weile des Schweigens spricht er sie direkt an. „So etwas Ähnliches habe ich mir gedacht. Du weißt, dass der Keller nicht den vergleichbaren Schutz wie ein Bunker haben kann. Du musst mir jetzt versprechen, so eine Dummheit nicht mehr zu machen. Wahrscheinlich hast du das in meiner Abwesenheit auch gemacht."
„In Ordnung Herr Pastor, bei dem nächsten Luftangriff werde ich den Bunker aufsuchen", verspricht Maria.

Kapitel 8

Sommer 1943 bis Kriegsende Mai 1945
Den auf die Unterhaltung mit Maria folgenden Sonntag hält sich Hochwürden in seiner Predigt an das Versprechen, welches er Maria gegeben hat. Kein Kommentar zum diktatorischen deutschen System.
Aber das Versprechen ist nur von kurzer Dauer. Die schlimmen Folgen des Krieges und die menschenverachtenden Methoden des nationalsozialistischen Systems, die er täglich mitbekommt, lassen ihn sein Versprechen gegenüber Maria vergessen.
Er muss sich selbst treu sein. Schweigen kann er nicht.
Und so fällt seine Predigt schon am darauffolgenden Sonntag entsprechend aus. Er findet scharfe Worte gegenüber den Schuldigen für den Krieg. Natürlich ist er sich über die Folgen seiner harschen Kritik bewusst, nimmt dieses aber in Kauf.

Schon am folgenden Montag steht die SA wieder vor der Tür des Pfarrhauses. Sie neh-

men Pastor Steiner mit. Im Hauptquartier der SA wird er gefoltert. Die Qual geht über zwei Tage.
Am dritten Tag wird er zur Bahnstation gebracht. Mit vielen anderen Gefangenen beginnt die Reise mit dem Zug. Wohin es geht, wird verschwiegen.
Pfarrer Steiner ist sich aber sicher, dass der Transport in einem Konzentrationslager enden wird. In welchem, bleibt abzuwarten.
Eingesperrt wie ein Stück Vieh auf dem Weg zum Schlachtort, so kommt es dem Pfarrer vor.
In dem Viehwaggon befinden sich so viele Menschen, dass ein Sitzen kaum möglich ist. Um ihn herum vernimmt er Wimmern und Weinen. Den Eingeschlossenen gibt er sich als katholischer Pfarrer zu erkennen. Er betet mit ihnen und bittet die Menschen um Gottvertrauen.
Stunde um Stunde vergeht. Der Gestank im Waggon ist kaum zu ertragen. Dann endlich kommt der Zug zum Stehen.

Nach einer Weile öffnet sich die Waggontür. Die Frischluft zerschneidet die stickige Luft im Waggon. Soldaten mit Maschinengewehren stehen vor der Waggontür.

„Aussteigen“, brüllt einer der Soldaten. „In Reih und Glied aufstellen. Männer auf die rechte Seite. Frauen und Kinder auf die linke Seite“, brüllt dieser Mensch weiter.

Klappt die Trennung der Geschlechter nicht sofort, schubsen die Soldaten die Gefangenen mit Gewalt, bis diese auf der richtigen Seite stehen.

Nachdem alle Menschen aus dem Zug ausgestiegen sind und sich in Reih und Glied, getrennt nach Geschlechtern, aufgestellt haben, kommt der Befehl: „Die Männer folgen dem Jeep, Frauen und Kinder bleiben auf ihrem Platz.“

Ohne sich von ihren Frauen und Kindern verabschieden zu können, folgen die Männer dem Jeep.

Nach kurzem Marsch gelangen die Gefangenen an ein großes Tor. Das Tor trägt die Inschrift „Dachau“.

Pastor Steiners Vermutungen haben sich somit bestätigt. Endstation des Zuges ist das Konzentrationslager Dachau.

Die Männer werden in eine Hütte geführt. Sie

müssen sich ihrer Kleidung entledigen. Anschließend werden sie mit kaltem Wasser gereinigt. Danach erhalten sie einheitliche Sträflingskleidung und werden unter Aufrufung des Namens den einzelnen Häusern zugeordnet.
Pastor Steiner wird dem Block Nr. 28 zugewiesen. Von den Häftlingen, die den völlig überfüllten Block Nr. 28 bewohnen, erfährt Pastor Steiner, dass der ausschließlich von Priestern bewohnt wird.
Ein älterer Priester klärt Pastor Steiner über die Gepflogenheiten, die im Konzentrationslager vorherrschen, auf. Von diesem Kollegen erfährt er auch, dass die Priester gegenüber den anderen Gefangenen im Konzentrationslager Vorteile haben. So ist es ihnen möglich, die tägliche Messe zu feiern. Bedingung ist allerdings, dass die Priester grundsätzlich nicht mit den anderen Häftlingen beten bzw. über religiöse Sachverhalte sprechen dürfen. Tagsüber haben sie, wie alle anderen Häftlinge auch, zu arbeiten.

Pastor Steiner benötigt einige Tage, um sich im Lager zurechtzufinden. Die körperlich schwere Arbeit setzt ihm zu und die Verpfle-

gung ist sehr schlecht.
Die Wärter, frühere Häftlinge, misshandeln die Gefangenen. Täglich verschwinden Häftlinge. Sie tauchen nicht wieder auf. Pastor Steiner vermutet, dass diese Häftlinge ermordet wurden. Das trifft auch für manche Mitbewohner des Hauses mit der Nummer 28 zu.

Die Monate vergehen. Pastor Steiner ist, wie auch viele andere Häftlinge, stark abgemagert. Überraschenderweise wird er nach einem halben Jahr aus dem Konzentrationslager Dachau entlassen und an das Konzentrationslager Köln-Deutz überstellt. In diesem Lager sind die Bedingungen weitaus besser.
Natürlich müssen die Häftlinge auch hier arbeiten, aber der allgemeine Umgang der Wärter mit den Häftlingen ist menschlicher. Auch die Ernährung der Häftlinge ist im Vergleich mit dem Konzentrationslager Dachau reichhaltiger.
Pastor Steiner wird nach einem Monat aus dem Konzentrationslager Köln Deutz entlassen und kehrt in seine Pfarrgemeinde zurück.

In der Zeit seiner Abwesenheit wurde die

Pfarrgemeinde vom Pfarrer der benachbarten Gemeinde betreut.

Pastor Steiner trifft im Pfarrhaus auf Maria. Maria hat die Zeit der Abwesenheit ihres Pastors im Pfarrhaus verbracht. Nun ist sie froh, den Pastor zwar abgemagert, aber gesund wieder zu sehen.
Pastor Steiner schreibt noch am Abend seiner Rückkehr einen Brief an seinen Bischof und bittet um Versetzung. Er kann nicht in einer Pfarrgemeinde bleiben, in der Kirchgänger ihn zweimal verraten haben.

Die Zerstörung der deutschen Städte geht weiter. Am 7. Mai 1945 kapituliert Deutschland. Der Krieg ist beendet.

Kapitel 9

Oktober 1972
Ich lege das Manuskript beiseite. Es ist bereits 2.00 Uhr nachts. Der Text hat mich aufgewühlt. Schlafen kann ich noch nicht. Ich muss meinen Kopf wieder freibekommen. Leider ist das nicht ganz so einfach. Immer wieder wandern Szenen des Buches durch meinen Kopf. Wie war es nur möglich, dass Hitler und seine NSDAP gegen andersartige und andersdenkende Menschen so agieren konnte? Wo war die deutsche Bevölkerung? Hat sie nichts davon mitbekommen, oder hat sich die Mehrzahl der Bürgerinnen und Bürger zu Mitläufern degradieren lassen? Warum hat sich die katholische Kirche so zurückgehalten? Sie hat es den einzelnen Geistlichen überlassen, das Regime anzuprangern und den Verfolgten zu helfen.
Warum? Fragen über Fragen.
Ich verspüre Durst und verlasse mein Zimmer im Obergeschoß des elterlichen Hauses und begebe mich in die Küche, die im Parterre liegt. Ich setze gerade den Vetropack Milch an

die Lippen, als sich die Küchentür öffnet und meine Mutter den Raum betritt.

Sie trägt ihren blau gestreiften Bademantel. „Was ist los, Norbert?“, fragt sie mich. „Kannst du nicht schlafen?“
Ich schaue meine Mutter an. „Entschuldige, dass ich dich geweckt habe. Wollte nur etwas trinken. Ich habe bis eben das Manuskript von Pastor Steiner gelesen.“
Ich setze mich an den Küchentisch. Meine Mutter nimmt schräg gegenüber von mir Platz. Sie schaut mich an.
„Möchtest du mit mir darüber sprechen?“, fragt sie mich.
Ich erwidere ihren Blick. Einen Moment herrscht Ruhe. Dann frage ich sie: „Warum haben du und Papa nie über die Zeit gesprochen, als Hitler an der Macht war? Warum habe ich in der Schule im Geschichtsunterricht nie detailliert etwas über diese Zeit gehört?“
Meine Mutter greift nach meiner Hand und umschließt diese mit ihren beiden Händen. Sie schaut mich lange an. Dann spricht sie: „Weißt du, Norbert, diese Zeit ist keine Ruhmeszeit für das deutsche Volk. Sie hat viel Leid ge-

bracht. In den Jahren, als die NSDAP an der Macht war, sind viele Millionen Menschen getötet worden. Viele sind im Krieg gefallen. Millionen Menschen wurden von den Nazis, so werden die Gefolgsleute der NSDAP genannt, in Konzentrationslagern ermordet. Juden, Zigeuner, Schwule und Lesben, aber auch Behinderte, wurden vergast oder erschossen."

Die Küchentür öffnet sich und mein Vater steht im Raum.

„Ein Kaffeekränzchen zur nachtschlafenden Zeit", fragt er ironisch.

„Setz dich etwas zu uns, Bernhard. Unser Sohn hat einige Fragen zur deutschen Geschichte. Zur Aufarbeitung kannst du sicherlich auch ein wenig beitragen." Meine Mutter zieht den angrenzenden Stuhl nach hinten und bietet ihrem Mann den Platz an.

Mein Vater nimmt Platz und schaut zu mir herüber. „Was interessiert dich denn?", fragt er mich.

Ich komme mir nun ein bisschen vor, als wäre ich in einem Kreuzverhör. Ich schaue meine Eltern etwas verwirrt an. „Ich sagte schon zu Mama, dass ich heute Nacht eine Geschichte gelesen habe, die Pastor Steiner aufgeschrie-

ben hat. Es handelt sich hierbei um eine biografische Geschichte aus dem Leben von Pastor Steiner. Die Geschichte spielt in Deutschland in den Kriegsjahren, als Hitler an der Macht war. Für mich war vieles neu. Von euch und auch in der Schule habe ich sehr wenig aus dieser Zeit erfahren. Ich weiß vom 2. Weltkrieg und dass wir Deutschen diesen Krieg begonnen haben. Auch weiß ich, dass viele Juden in diesen Jahren ihr Leben lassen mussten. Nun habe ich im Manuskript von Pastor Steiner gelesen, dass Hitler und seine Partei nicht nur Krieg gegen ausländische Mächte geführt, sondern ganze Volksgruppen im eigenen Land vernichtet hat. Warum hat die deutsche Bevölkerung das geschehen lassen?"
Ich mache eine Pause. Ich schaue meine Eltern an. „Genau genommen interessiert mich, warum ihr nichts dagegen unternommen habt."
Ich beobachte die Reaktion meiner Eltern auf meine Frage. Sekundenlanges Schweigen folgt.
Meine Mutter ist die Erste, die dieses Schweigen bricht. „Junge, es steht außerhalb deiner Vorstellungen, wie das Leben in einem diktatorischen Staat ist. Dein Vaterland, die Bun-

desrepublik Deutschland, ist eine Demokratie. Hier kannst du dich frei bewegen. Es herrscht Pressefreiheit. Wenn du nicht gegen Gesetze verstößt, dann kannst du deine Meinung sagen. In Hitlers Nazistaat war das anders. Ein Witz gegen Nazideutschland allgemein oder gegen einen der führenden Köpfe, bedeutete mindestens Zuchthaus oder Konzentrationslager. Nicht einmal deiner Familie und deinem Freundeskreis konntest du vertrauen. Hast du dich gegen Anweisungen der Nazis gestellt, so musstest du damit rechnen, denunziert zu werden."

Meine Mutter schaut mich an. Ich weiche ihrem Blick aus.

Sie fährt fort: „Deutschland war in den zwanziger und zu Beginn der dreißiger Jahre durch den verlorenen Krieg 1914-1918 und den Folgen der Repressionen durch die Siegermächte, ein armes Land ohne positive Aussicht für die Zukunft. Die Arbeitslosenquote betrug Anfang der dreißiger Jahre 31 Prozent. Die Menschen hatten nicht genug zu essen. Der Schwarzmarkt florierte. Und dann kam Hitler. Er hat nicht nur den Aufschwung versprochen, nein, er hat in den ersten Jahren seiner Machtübernahme, dem deutschen Volk Hoffnung gegeben und durch gezielte Maßnahmen Arbeit geschaffen. Der Mensch war wieder was wert! Er hat unter anderem Bundestraßen und Autobahnen gebaut und der Industrie Aufträge verschafft. Allerdings wurden viele Produkte geschaffen, die auch oder ausschließlich im militärischen Bereich einsetzbar waren. Mit dem Ausbau der Infrastruktur in Deutschland verfolgte der Nationalsozialismus sein politisches Ziel, Krieg gegen andere Staaten zu führen. Schon sehr früh hat Hitler seine Lakaien gegen Menschen mobil gemacht, die anders waren. Die Juden hatte er besonders im Visier. In seiner Propagandamaschinerie wurden die Juden als raffgierige Monster dargestellt, die den Deutschen die Arbeit stehlen."

Es entsteht eine Pause, bis mein Vater das Wort ergreift. „Norbert, deine Mutter will sich mit dem Gesagten nicht entschuldigen. Aber richtig ist, dass der Bürger erst froh war, dass es ihm besser ging. Die Unterdrückung Andersartiger, die rabaukenhaften Auftritte der Braunhemden, das ist der Spitzname der Nazis, ist zwar von der Bevölkerung wahrgenommen, aber irgendwie auch akzeptiert worden. Vielleicht waren viele Bürger auch nur zu feige, sich gegen das Vorgehen der Nationalsozialisten aufzulehnen. Sie haben das Negative einfach akzeptiert und nur das Positive der Herrschaft der NSDAP gesehen. Goebbels mit seiner Propaganda hat ein Übriges dazu beigetragen, dass viele Menschen, sogar noch als Hitler verschiedenen Staaten den Krieg erklärt hatte, von der Richtigkeit der Politik überzeugt waren."

Mein Vater hält inne. Er schaut mich an. „Sohn, manchmal ist es im Leben nicht einfach, seinen eigenen Standpunkt offen zu vertreten. Vor allen Dingen dann, wenn man mit Schlimmem rechnen muss."

Meine Mutter ergänzt: „Ich will dir dieses an einem wahren Beispiel schildern. Deine Oma war eine Frau, die wusste, was sie wollte. Sie ließ sich so schnell nicht blenden und verführen. Dein Opa ist im 1. Weltkrieg gefallen, meine Mutter, also deine Oma, musste deinen Onkel Josef und mich alleine großziehen. Als der Nationalsozialismus in Deutschland herrschte, war sie um die fünfzig Jahre alt. Sie hatte von Beginn an Probleme mit der nationalsozialistischen Politik. Und diese Einstellung hat sie auch vor ihrer eigenen Haustür vertreten. Ihre Geschwister, die im selben Haus wohnten, haben sie immer wieder ermahnt, sich mit ihren Äußerungen zurückzuhalten. Sie konnte das aber nicht, obwohl ihr mögliche Folgen bekannt waren. Im Nachhinein kann ich nur sagen, eine tapfere, mutige Frau. Es gab bestimmte Tage, da wurden alle Hausbesitzer angewiesen, als politisches Zeichen, die Hakenkreuzfahne am Haus auszuhängen. An diesen Tagen glichen die Straßen einem Fahnenmeer. Und an so einem Tag hat deine Oma es sich in den Kopf gesetzt, ein Zeichen zu setzen. Sie war nicht zu überreden, die Fahne zu hissen. Am nächsten Tag stand die Gestapo, die Geheimpolizei der NSDAP, vor unserer Haustür. Unsere Mutter wurde abgeführt. Eine Woche haben wir Angehörigen nicht gewusst, was mit ihr geschehen ist. Das Nachfragen auf der Polizeiwache blieb ohne Erfolg. Man konnte oder wollte uns nichts zum Verbleib deiner Oma sagen. Die Schwester der Oma hat keinen anderen Weg gesehen, als einen guten Bekannten, der ein angesehenes Mitglied der Nationalsozialistischen Partei war, zu bitten, sich um das Verschwinden deiner Oma zu kümmern. Zwei Tage später stand deine Oma auf einmal vor der Haustür. Sie sah sehr mitgenommen aus. Wie ein Mensch, dem der Wille gebrochen worden ist. Sie hat nie erzählt, was mit ihr in der Zeit ihrer Haft geschehen ist. Dein Onkel Josef und auch ich sind uns bis heute sicher, dass nur durch den Einsatz des Bekannten, unsere Mutter am Leben geblieben ist.“

Meine Mutter macht eine Pause. Schweigen im Raum.

Nach einer Weile ergreift mein Vater das Wort. „Auch ich möchte euch eine Situation aus meinem Leben erzählen. Im letzten Kriegsjahr war ich als Soldat bei der Infanterie im Spähtrupp als Kradfahrer eingesetzt. Als meine Kameraden und ich nach einem Einsatz zur Einheit zurückkehrten, haben wir erzählt bekommen, dass ein Kamerad, im Beisein der Kompanie von einem Erschießungskommando erschossen wurde. Dieser Person wurde vom Oberstleutnant vorgeworfen, eine Flasche Rum aus der Feldküche entwendet zu haben. Bis heute frage ich mich, wie ich mich verhalten hätte, wäre ich frühzeitiger zur Einheit zurückgekehrt. Hätte ich mich für den Kameraden eingesetzt oder hätte ich geschwiegen? Man kann im Nachhinein sehr schnell sagen, dass man sich selbstverständlich eingesetzt hätte. Ich bin bis heute froh darüber, dass mir diese Entscheidung erspart geblieben ist."

Mein Vater legt eine Pause ein. Dann fragt er mich: „Norbert, verstehst du, was deine Mutter und ich dir sagen wollen?"

Ich lasse mir Zeit mit der Antwort. „Ich verstehe schon, was ihr mir sagen wollt. Ihr habt geahnt oder sogar gewusst, dass der nationalsozialistische Staat ein Unrechtsstaat war. Ihr habt aber nicht aufgemuckt und anderen Menschen beigestanden, weil ihr dann mit erheblichen Nachteilen für euch gerechnet habt. Folter und Tod hätten euch gedroht. So haben sehr viele Menschen in Deutschland gedacht."

Ich schlucke, dann spreche ich weiter. „Ich habe nach dem Lesen des Manuskripts von Pastor Steiner den Eindruck bekommen, dass den Menschen, die als Aufsicht in den Konzentrationslagern eingesetzt waren, eine besondere Bedeutung zugekommen ist. Diese Menschen haben natürlich gewusst, was in „ihrem" Lager vor sich geht. Sie haben tausendfachen Mord bewusst geduldet, ohne sich

davon zu distanzieren. Wahrscheinlich hätte ein Einzelner nichts ändern können. Höchstwahrscheinlich wäre auch er getötet worden."
Ich mache eine kurze Pause und fahre fort. „Hätten viele Soldaten die Bewachung der Konzentrationslager abgelehnt, hätte dann etwas erreicht werden können?"
Ich schlucke. Spreche dann weiter: „Diese Frage sollte erlaubt sein, obwohl es hierauf keine Antwort gibt."
Wir schweigen alle drei. Ich fahre fort: „Ihr habt mich doch so erzogen, dass ich mich verhalte, wie mein Gewissen es vorgibt. Und das auch, wenn ich Nachteile aufgrund der getroffenen Entscheidung habe."
Ich schaue meine Eltern an. „Oder gilt diese Verhaltensregel nur dann, wenn meine Entscheidung zugunsten Dritter keine Nachteile für mich bringt?"
Nach meinen Worten herrscht in der Küche weiteres Schweigen. Ich suche den Blickkontakt mit meinem Vater und mit meiner Mutter. Ich habe das Gefühl, dass sie sich schämen. Ich spreche meine Eltern direkt an. „Mama und Papa, ich will euch keine Vorwürfe für euer Verhalten während der Zeit, in der die

Nationalsozialistische Partei in Deutschland regiert hat, machen. Verzeihet mir, wenn euch meine Worte verletzend getroffen haben. Ich habe kein Recht dazu, aus heutiger Sicht, euer und vieler anderer Verhalten zu verurteilen. Ich weiß nicht, wie ich an eurer Stelle gehandelt hätte. Hätte ich den Mut aufgebracht, mich offen gegen das Unrechtsregime zu stellen? Ich habe großen Respekt vor Menschen wie Pastor Steiner, meiner Großmutter und vielen anderen, die in Einzel-Situationen sich dem Nationalsozialistischen Staat entgegengestellt haben."

Kapitel 10

Dezember 1972
„Hast du mein Manuskript gelesen, Norbert“, lautet die Frage von Pastor Steiner.
Es ist ein Winternachmittag im Dezember 1972. Ich bin zu Besuch bei Tante Maria im verschneiten Hochsauerland. Tante Maria verbringt mit ihrem Herrn Pastor den ersten Winter in ihrer neuen Heimat. Pastor Steiner und seine Haushälterin haben der Stadt Menden den Rücken gekehrt und ihr neues Zuhause in einem kleinen Nachbarstädtchen in der Nähe von Winterberg im Sauerland gefunden.
Wir sitzen zu dritt in der Küche bei Kaffee und Kuchen. Die Gespräche sind ein freundschaftliches Geplänkel. Nach dem gemütlichen Kaffeetrinken ziehen sich der Pastor und ich in das Arbeitszimmer von Pastor Steiner zurück. Der Pastor zündet sich eine Zigarre an.

„Norbert, ich würde jetzt gerne mit dir über das Manuskript sprechen“, spricht der Pastor mich an. Er schaut mir dabei in die Augen. Dann ein kräftiger Zug an der Zigarre. „Was

sagst du zu der Art der Erzählweise und zum Inhalt“, fährt er fort.
Ich lasse mir einen Moment Zeit. „Du erzählst deine Erlebnisse in der dritten Person. Ich finde diesen Stil oder anders gesagt, die Perspektive aus der du erzählst, gut. Diese Art führt meiner Meinung nach zu einem besseren Textverständnis. Du willst mit deinen Erlebnissen, die du im Text wiedergibst, an die Leserin, an den Leser, eine Botschaft senden. So verstehe ich es.“
Ich halte inne und schaue August an. Er wirkt nachdenklich.
Ich fahre fort. „Beim Lesen deiner Erzählung ist mir bewusst geworden, was Freiheit bedeutet. Die Freiheit beginnt damit, seine Meinung zu sagen, ohne dass man mit Repressalien rechnen muss. Sich frei, ohne auferlegte Grenzen zu bewegen. Ich denke, dass ich, und eine Mehrzahl der Bürgerinnen und Bürger in unserem Staat, die nach 1945 geboren wurden, sich dessen nicht immer bewusst sind. Zu selbstverständlich sehen wir in unserem demokratischen Land die Einhaltung der Menschenrechte, der Menschenwürde. Natürlich hat eine parlamentarische Demokratie, so wie wir diese

in Deutschland leben, auch Mängel. Aber diese lassen sich durch das Prinzip der Gewaltenteilung eigentlich immer regeln. Auch ich schimpfe manchmal über augenscheinliche Ungerechtigkeiten, manchen angeblichen föderalistischen Unsinn, weiß aber beim Nachdenken unsere Rechtsstaatlichkeit zu schätzen."

August zieht wieder an seiner Zigarre. An seinem Gesichtsausdruck erkenne ich, dass er möchte, dass ich weiterspreche.

Und ich spreche weiter. „August, du hast in den Kriegsjahren viel durchgemacht. Und das nur aus dem Grund, weil du, wie sagt man so schön, den Finger in die Wunde gelegt hast. Du hast deine Meinung zu einem Unrechtsstaat vertreten, hast deinen Mitmenschen Dinge vor Augen geführt, auch wenn diese gar nichts davon wissen wollten. So wie es das Sprichwort ausdrückt \`Was ich nicht weiß, macht mich nicht heiß\`. Meiner Meinung nach hält dieses bewusste Unwissen nicht davon ab, die Konsequenzen für den Tatbestand zu tragen. Es ist gut, dass es zu jeder Zeit Menschen gibt, die sich für Gerechtigkeit und für ihre Mitmenschen einsetzen. Ich hoffe, dass auch

mir dieses gelingt, wenn ich gefordert werde."
Ich mache eine Pause; schaue August an.
Dann spreche ich weiter. „Jetzt fange ich schon an, allgemein zu philosophieren, anstatt zum Inhalt deines Manuskripts weiter Stellung zu nehmen. Schlimm ist es sicherlich, wenn man feststellt, dass man denunziert wird. Denunzianten hat es wahrscheinlich immer schon gegeben. Ein Schutz hiervor ist nur sehr schwer einzurichten. Wenn ich weiß, wer mein Feind ist, kann ich mich darauf einstellen. Das ist bei den Denunzianten nicht so ohne Weiteres möglich. Ich kann ja nicht immer allen meinen Mitmenschen misstrauen. Ich kann mir vorstellen, dass du sehr enttäuscht warst, festzustellen, dass dich Kirchenbesucher an die Nazis verraten haben. Kirchenbesucher, die von dir noch die heilige Kommunion empfangen, dich vielleicht angelächelt haben, um dich dann später an die Nazis zu verraten." Ich versuche, den Blickkontakt mit August aufzunehmen. „August, darf ich dich etwas fragen?"
„Klar, das ist ja unter anderem Sinn unserer Unterhaltung", antwortet er mir.
„Was macht das mit einem Menschen, wenn man merkt, dass andere Menschen einen de-

nunzieren?“
„Das ist eine gute Frage, Norbert“, antwortet der Pastor. „Als ich erkannte, dass ich denunziert worden bin, war ich tief enttäuscht. Nach der Enttäuschung folgten die Wut und das Rätseln, wer könnte dahinterstecken? Nach meiner ersten Rückkehr aus dem Konzentrationslager habe ich mir während der Messfeier die Kirchenbesucher angesehen. Ich habe mir die Frage dabei gestellt: Wer von euch war es? Nach meiner weiteren Rückkehr habe ich mich das nicht mehr gefragt. Ich habe dem unbekannten Denunzianten verziehen. Allerdings wollte ich nicht mehr Priester dieser Pfarrgemeinde sein.“
Nach einer kurzen Pause: „Norbert, heute würde ich anders entscheiden. Ich würde mich nicht durch einen oder mehrere Denunzianten vertreiben lassen. Übrigens, ich habe nie erfahren, wer mich mehrmals denunziert hat.“
Wir schauen uns an und schweigen einen Moment.
Nach einer gefühlten Minute des Schweigens spreche ich zu August: „Ich habe noch eine Frage: Woran hat es deiner Meinung nach gelegen, dass sich die offizielle katholische Kir-

che nicht gegen das Nazi-Regime ausgesprochen hat?“
August runzelt die Stirn. Er nimmt noch einen Zug von seiner Zigarre.
Dann antwortet er: „Richtig ist, dass sich Papst Pius der Zwölfte mit Vorwürfen gegen das Nazi-Regime sehr zurückgehalten hat. Dieses hatte zur Folge, dass auch Teile der offiziellen katholischen Kirche in Deutschland mit Rügen und Anprangern gegenüber Hitler und seinen Gefolgsleuten, ich möchte mal sagen, sehr sparsam waren. Man hat sich arrangiert. Es hat natürlich Ausnahmen gegeben. So sagt dir vielleicht der Name Bischof August von Galen etwas?“ Ich schüttele den Kopf. „Ein Bischof aus dem Münsterland. Bischof von Galen hat sich gegen das Nationalsozialistische-Regime offen gestellt und das nicht nur auf der Kanzel. Ganz bekannt ist allerdings seine Predigt gegen die nationalsozialistische Euthanasie.“
Pastor Steiner legt wieder eine Pause ein. Dann fährt er fort: „Ich habe es damals nicht verstanden, warum sich der Papst gegenüber Hitler und dem nationalsozialistischen Regime so verhält, wie er es gemacht hat. Ich war darüber wütend. Und diese Wut hat mich ange-

trieben. Ich bin sonntags auf die Kanzel gegangen und habe den Kirchenbesuchern die Augen über das nationalsozialistische Regime geöffnet. Zumindest war das mein Anliegen. Ich habe von den Gräueltaten in allen Facetten berichtet. Mir war bewusst, dass meine Worte nicht im Kirchengebäude bleiben. Und trotzdem war ich erstaunt, dass ich denunziert wurde. Auf der Kanzel hatte ich keine Angst. Ich wusste, dass mir Haft und Folter drohen konnten. Sogar vor dem Tod hatte ich keine Angst. Deine Tante Maria hat mir nach jeder Messe den Kopf gewaschen. Sie hatte Angst um mich. Ich habe sie immer wieder beschwichtigt, habe ihr gesagt, dass man nicht schweigen darf, wenn Unrecht geschieht. Ich habe versucht zu helfen, wo ich konnte. Aber ich war nicht allein. Es gab eine Vielzahl von Menschen, die große und kleine Hilfen geleistet haben. Manche Hilfen fanden im Verborgenen statt."

August steht auf und holt zwei Gläser.

„Norbert, trinkst du auch einen Saft?", fragt er mich.

Erst jetzt merke ich, wie trocken mein Mund ist. Ich benetze meine Lippen, der Saft gleitet

meinen Gaumen hinunter.
„Mit seinen Anschuldigungen muss man vorsichtig sein“, fährt August fort. „Ich glaube, ich hatte schon einmal erwähnt, dass der von mir für sein Nichtstun so gescholtene Papst Pius der Zwölfte im Verborgenen tausenden Juden das Leben gerettet hatte. Dieses ist aber erst Jahre nach Kriegsende bekannt geworden. Wahrscheinlich hätte der Papst diesen Menschen nicht das Leben retten können, wenn er sich offen gegen Hitler gestellt hätte. Ich habe in meinem Leben festgestellt, dass eine Sache häufig zwei Seiten hat. Manchmal sollte man erst denken und sich vergewissern, ob man das Richtige tut und dann handeln.“

Wir schweigen beide. Augusts Gesichtsausdruck wirkt nachdenklich.
„August, warum hast du das Manuskript geschrieben?“, frage ich mein Gegenüber.
„Norbert, ich habe eine lange Zeit über die Geschehnisse während der nationalsozialistischen Zeit nicht sprechen können. Mir kam dann der Gedanke, dass ich über das, was ich während dieser Zeit erlebt habe, schreiben könnte. Und dieser Gedanke war gut. Das

Schreiben war befreiend. Begonnen habe ich die Geschichte in der Ìch-Form. Schon nach der zweiten Seite habe ich für mich festgestellt, dass die Erzählung in der Ìch-Form nicht das Richtige für mich ist. Ich habe dann neu begonnen die Geschichte aus externer Perspektive aufzuschreiben."
Es entsteht eine kurze Pause.
„Norbert, du bist der Erste, der diese Geschichte gelesen hat. Die Unterhaltung mit dir zeigt mir, dass ich mich richtig entschieden habe."
Pastor Steiner nimmt meine Hand. „Danke, Norbert".
Ich bin gerührt.

Kapitel 11

Mai 2019

„Die Telefonkette muss 24 Stunden rund um die Uhr funktionieren. Wenn zwischendurch ein unaufschiebbarer Termin für euch ansteht, müsst ihr zwingend eure Vertretung informieren. Noch einmal, es ist ganz wichtig, dass für unsere Schutzbefohlenen im Notfall rund um die Uhr Hilfe möglich ist."

Eine kurze Pause.

„Lasst uns jetzt einmal durchspielen, wie ihr euch verhaltet, wenn ihr den Notruf bekommt."

Und wir spielten es durch. Wir waren sieben Personen, ohne unsere Ausbilderin. Sieben Personen im Alter zwischen 18 und 72 Jahren. Studentin, Schlosser in Rente, Lehrer, Krankenschwester, Unternehmerin, Abiturient, Hausfrau, die gleichzeitig Mutter von zwei Kindern ist. Ein zusammengewürfelter Haufen, der sich durch Mundpropaganda zusammengefunden hat, um zu helfen.

Wir sind alle neu dabei. Dieses Wochenende ist dafür gedacht, dass wir uns näher kennenlernen. Wir sollen ein Team bilden. Das Wochenende soll uns aber auch mit unserer ehrenamtlichen Aufgabe vertraut machen. In einem Gruppenmeeting sollte jeder von uns erzählen, warum er mitmachen will und wie er das erste Treffen mit den Schutzbefohlenen angehen wird. Die Ausbilderin hat uns viel über das Flüchtlingswesen erzählt.

Unsere aktuellen Schutzbefohlenen, so erzählte es uns unsere Ausbilderin, sind eine Mutter und ihre zwei Kinder. Eine Tochter, 12 Jahre alt und ein Sohn, 14 Jahre alt. Sie sind aus ihrem Heimatland vor den Schergen des Diktators geflohen. Unsere Ausbilderin erzählte uns, dass die Mutter und auch die Kinder mit ansehen mussten, wie der Ehemann und Vater im Haus zusammengeschlagen, auf die Straße gezerrt und anschließend durch Genickschuss hingerichtet wurde. In Deutschland haben sie einen Asylantrag gestellt. Sie befinden sich nun unter dem Schutz der Kirche.
Unseren Dienstplan haben wir an diesem Wochenende auch erhalten. Wir wurden über die Gewohnheiten der Familie informiert. Die Familie soll möglichst rund um die Uhr betreut

werden. Uns wurde ein schwerwiegendes Problem mitgeteilt.
In unmittelbarer Nähe des Kirchengeländes ist ein Treffpunkt von rechten Sinnesgenossen. Sie leben seit einiger Zeit mit mehreren Familien in einem Mehrfamilienhaus. Dieses Mehrfamilienhaus ist im Eigentum einer Altenpflegerin, die das Haus geerbt hatte. Sie hatte sich nichts dabei gedacht, dass nach und nach immer mehr rechtsgerichtete Bürger in dieses Haus eingezogen sind. Für sie war nur wichtig, dass die Wohnungen vermietet waren und die Miete pünktlich an sie überwiesen wurde. Die rechten Sinnesgenossen sind natürlich nicht begeistert von dem Asyl in ihrer Nachbarschaft. Sie schrecken die Asylsuchenden aber auch die Betreuer immer wieder auf. Sie schicken ihre Hunde auf das Gelände, beschmieren nachts die Kirchenwände mit rechtsgerichteten Zeichen und Sprüchen. Oder stehen in Gruppenstärke am Rande des Kirchengeländes, singen rechtes Liedgut und schreien verbale, beleidigende Rufe.
Unsere Ausbilderin rechnet mit weiteren massiven Reaktionen der rechten Szene.

An diesem Wochenende wird uns von der Ausbilderin die Entwicklung des Flüchtlingsstroms nach Europa und hier vor allem nach Deutschland ab 2015 nahegebracht.
„Europa hat seit 2015 ein massives Flüchtlingsproblem. Viele Menschen fliehen vor Gewalt, Krieg, Verfolgung – aber auch aus wirtschaftlichen Gründen – aus ihrer Heimat. Ende 2015 sind weltweit rund 60 Millionen Menschen auf der Flucht. Viele Menschen suchen Schutz in Nachbarländern, andere machen sich auf den Weg nach Europa. Ihr Ziel ist oftmals Deutschland. Deutschland verspricht politische Stabilität und eine bessere Perspektive auf ein neues Leben.
Die Stimmung in Deutschland gegen Ausländer und hier vor allen Dingen gegen Flüchtlinge, hat sich in den letzten vier Jahren von Jahr zu Jahr verschlechtert. Wurden die Flüchtlinge in 2015 noch freundlich empfangen und war die Hilfsbereitschaft groß, so gibt es nunmehr große Teile in der Bevölkerung, die der Flüchtlingspolitik der Bundesregierung skeptisch gegenüberstehen. Der Spruch der Bundeskanzlerin, „Das schaffen wir schon“, wird von weiten Teilen der Bevölkerung mittlerwei-

le, milde ausgedrückt, belächelt.
Als die Öffentlichkeit erfuhr, dass in 2015 und auch noch in den ersten Monaten 2016 nahezu unkontrolliert Flüchtlinge nach Deutschland kommen konnten, kam Angst auf. Diese Angst richtet sich größtenteils gegen Flüchtlinge. Immer dann, wenn Ausländer in Verdacht stehen, an Straftaten beteiligt zu sein, wird von den rechtsgerichteten Parteien verbal gegen die Flüchtlinge insgesamt geschimpft, die Flüchtlingspolitik der Bundesregierung niedergemacht und die Sicherheit der Bürgerinnen und Bürger angezweifelt. Angriffe auf Flüchtlingsheime sind zu diesen Zeitpunkten verstärkt festzustellen. Der Rechtsextremismus ist in den letzten Jahren extrem gestiegen. Wissenschaftler sehen hierbei einen Zusammenhang mit der Flüchtlingspolitik der Bundesregierung. Die Flüchtlingspolitik spaltet Europa.“

An diesem Wochenende habe ich mehrmals an Hochwürden Steiner gedacht. An seinen Lebensweg in den Wirren der Kriegsjahre, aber vor allem an sein Wirken gegen den Nationalsozialismus.

Während der Erzählungen unserer Ausbilderin war es in unserem Personenkreis sehr ruhig. Erst nach einer Weile, nach Beendung der Darstellungen, beginnt die Diskussion. Auch ich beteilige mich daran. Ich halte es für unmenschlich, dass aus taktischen und politischen Gründen Menschen ihr Leben lassen müssen.

Ich bin der Meinung, dass es nur sehr wenige Menschen sind, die freiwillig ihr Heimatland verlassen. Der überwiegende Teil macht das aus einer großen Not heraus, verlässt seine Liebsten, geht ins Ungewisse, nimmt häufig unmenschliche Strapazen auf sich, um ein besseres Leben als in seinem Heimatland führen zu können.

Natürlich ist in 2015 und 2016 bei der Aufnahme nicht alles richtig gelaufen. Die Kontrollen haben sicherlich versagt. Auch die Abschiebungsmöglichkeiten und die Durchführung benötigen sicherlich noch einer Nachjustierung in beide Richtungen.

Ich stehe in der Flüchtlingspolitik im Großen und Ganzen hinter unserer Bundeskanzlerin. Grundsätzlich bin ich der Meinung, dass Deutschland politisch und wirtschaftlich stark

genug ist, den Flüchtlingsstrom in unser Land auch langfristig zu verkraften. Wichtig ist, dass die Politik die Bürger mitnimmt.
Ich bin froh, in einem geschlossenen Kreis meine Meinung zur Flüchtlingsproblematik sagen zu können. Gerade das wird im Bekanntenkreis immer schwieriger. Alle Anwesenden äußerten sich ebenfalls. Es entstand eine kontrovers geführte Diskussion, die von unserer Ausbilderin hervorragend moderiert wurde.
Und unsere Ausbilderin sollte recht behalten. Die Reaktion der rechten Szene habe ich direkt bei meinem ersten Dienst erfahren müssen. Als ich das Kirchengelände betreten wollte, stellten sich mir mehrere Männer entgegen. Diese wollten mir den Zutritt auf das Kirchengelände verwehren. Und dieses auch unter Gewaltandrohung. Ich habe es dann doch geschafft, auf das Kirchengelände zu gelangen.

Epilog

November 2021

Jahre später: Pastor Steiner ist bereits lange verstorben, der Antisemitismus nimmt in Deutschland weiter erschreckend zu. Unsere jüdischen Mitmenschen müssen Angst vor Übergriffen haben.

Auf Synagogen werden Anschläge verübt. Übergangsheime werden angezündet. Die braune Gestalt hat ihren Tarnanzug angelegt. Sie gibt sich bürgerlich. Oft ist sie auf den ersten Blick nicht zu erkennen. Sie hält Einzug in den Freundes- und manchmal sogar in den Familienkreis. Verschwörungstheorien macht sie sich zugute. Oftmals steht sie hinter ihrer Verbreitung. Sie gaukelt Freundschaft und Freude vor und sät Angst.

Man muss schon genau hinsehen und hinhören, um die braune Gefahr zu erkennen.

Für den Autor steht fest, dass die Jahre des Gräuels des Nationalsozialismus nicht in Vergessenheit geraten dürfen. Die Geschichte über den Pastor August Steiner soll dabei helfen.

Der Roman soll Mut machen in schwierigen Situationen nicht aufzugeben, sondern sich ihnen zu stellen.

Über den Autor

Norbert Schmitt, 1954 geboren, studierte Betriebswirtschaft und war mehrere Jahrzehnte in leitender Position in der Versorgungswirtschaft tätig.
Er ist verheiratet, hat zwei Kinder.
Nach seinem langen, ereignisreichen Berufsleben hegte er schon während des Ausscheidens von der Berufsarbeit den Wunsch, noch einmal zur Universität zu gehen. Er belegte das Weiterbildende Studium für Senioren/Seniorinnen an der Technischen Universität Dortmund. Dort hat er das Seminar Schreibwerkstatt kennengelernt. Hier konnte er seine Leidenschaft, das Schreiben, mit anderen teilen.
Gemeinsames Schreiben zu Themenvorschlägen, konstruktive Kritik üben und für ihn wichtig: seine Gefühle zum Ausdruck zu bringen. Schreiben wirkt für ihn befreiend und hat ihm Mut gemacht, seine Texte in eigenen Werken zu veröffentlichen.

Mehr von Norbert Schmitt bei DeBehr

LISSABON: Der ehemalige portugiesische Radprofi Fernandes Selveci wird aufgrund seines Dopinggeständnisses vom Internationalen Radsportweltverband lebenslang gesperrt. Kurz darauf findet man seine Leiche blutüberströmt in der Badewanne eines Hotelzimmers. Die Lissaboner Polizei ist sich sicher, dass er Selbstmord begangen hat. Fernandes Ehefrau Janett jedoch vermutet, dass er ermordet worden ist, denn ihr verstorbener Mann wollte gegen die Dopingmafia aussagen. Um dies beweisen zu können, reist sie in ihre alte Heimat München und vertraut sich dem Privatdetektiv Erik

Homberg an. Der Detektiv ist zeitgleich mit einem weiteren brisanten Fall beschäftigt. Für einen verurteilten Produktspion sucht er Beweise für dessen Unschuld. Hombergs Ermittlungen im Fall Fernandes Selveci werden zu einem lebensgefährlichen Unterfangen. Und auch Janett schwebt in höchster Gefahr. Dieser hervorragend recherchierte Roman beleuchtet die millionenschwere Manipulation in der Welt des Sports. Doping gab es schon bei den Olympischen Spielen der Antike. Mit ihm lässt sich heutzutage ein Vermögen verdienen. In einem der größten deutschen Dopingprozesse der letzten Jahre, bekannt unter dem Begriff "Operation Aderlass", führt der Hauptangeklagte unter anderem in seinem Geständnis an, dass Doping an der Tagesordnung sei.

ISBN: 978-3-95753-911-3, Taschenbuch oder Ebook mit 274 Seiten